Vermeidung einer Diskriminierung behinderter Arbeitnehmer insbesondere im Rahmen des Einstellungsverfahrens des öffentlichen Dienstes – Eine Darstellung der Rechtslage und kritische Analyse

Bibliografische Information der Deutschen Nationalbibliothek: Die Deutsche Nationalbibliothek verzeichnet diese Publikation in der Deutschen Nationalbibliografie; detaillierte bibliografische Daten sind im Internet über http://dnb.dnb.de abrufbar.

© 2016 Markus Ort
Herstellung und Verlag:
BoD – Books on Demand, Norderstedt
ISBN: 978-3-7412-8118-1

Vermeidung einer Diskriminierung behinderter Arbeitnehmer insbesondere im Rahmen des Einstellungsverfahrens des öffentlichen Dienstes – Eine Darstellung der Rechtslage und kritische Analyse

Bachelorarbeit von

Markus Ort
20. Oktober 2016

Vorwort

Erstmals kam ich mit der Thematik dieser Arbeit im August 2015 in Berührung. Zu dieser Zeit absolvierte ich im Rahmen meines Bachelorstudiums mit vertiefter Praxis eine Arbeitsphase im Personalbüro des Landratsamtes Aschaffenburg.

Während meines dortigen Einsatzes wurde ich darum gebeten, rechtlich zu bewerten, was unsere Dienststelle bei der Stellenbesetzung alles beachten muss und kann, um sich gegenüber AGG-Hoppern unangreifbar zu machen. Ein besonderes Augenmerk sollte ich hierbei auf schwerbehinderte Bewerber legen.

Da sich dieses Thema für mich als sehr interessant und darüber hinaus auch als inhaltlich sehr ergiebig darstellte, beschloss ich nach eigenständigen weiterführenden Recherchearbeiten zu dieser Thematik meine Bachelorarbeit mit dem Thema

„Vermeidung einer Diskriminierung behinderter Arbeitnehmer insbesondere im Rahmen des Einstellungsverfahrens des öffentlichen Dienstes – Eine Darstellung der Rechtslage und kritische Analyse"

zu verfassen.

Für die wohlwollende Annahme dieses Themas für meine Abschlussarbeit bedanke ich mich bei Dr. Ralph Hirdina, welcher mich in der Bearbeitung dieses Themas bestärkte und mich bei der Erstellung der Arbeit methodisch und inhaltlich anleitete.

Matthias Beck danke ich für den ersten Impuls, den er mir zur Findung des Themas gab und für die fachlichen Diskussionen zum diskriminierungsfreien Einstellungsverfahren in der behördlichen Praxis.

Weiterer Dank gebührt meinen Korrekturlesern Birgit Ort und Maximilian Andres.

Abschließend möchte ich auch Dr. Ulrich Reuter dafür danken, dass ich durch ihn die Chance auf ein Studium mit vertiefter Praxis im Landratsamt Aschaffenburg erhielt.

Aschaffenburg, den 11.08.2016   Markus Ort

INHALTSVERZEICHNIS	SEITE VI
ABBILDUNGSVERZEICHNIS	SEITE XIII
ABKÜRZUNGSVERZEICHNIS	SEITE XIV
EINLEITUNG	SEITE 1

HAUPTTEIL

ERSTES KAPITEL

1.	Definitionen notwendiger Begrifflichkeiten	Seite 4
1.1.	Arbeitgeber	Seite 4
1.2.	Öffentlicher Dienst	Seite 4
1.3.	Öffentlich-rechtlicher Arbeitgeber bzw. Arbeitgeber des öffentlichen Dienstes	Seite 4
1.4.	Behinderter Mensch	Seite 5
1.5.	Schwerbehinderter Mensch	Seite 6
1.6.	Gleichgestellter behinderter Mensch	Seite 6
1.7.	Bewerber	Seite 7
1.8.	Behinderter Bewerber	Seite 7
1.9.	Schwerbehinderter Bewerber	Seite 8
1.10.	Gleichgestellter behinderter Bewerber	Seite 8

ZWEITES KAPITEL

2.	Allgemeines zur Stellenbesetzung im öffentlichen Dienst	Seite 9
2.1.	Allgemeiner Auswahlgrundsatz: Bestenauslese	Seite 9
2.1.1.	Stellen des öffentlichen Dienstes müssen grds. für Beamte und Angestellte geeignet sein	Seite 9
2.1.2.	Beamten vorbehalten: Stellen des Funktionsvorbehaltes	Seite 10
2.1.3.	Das Leistungsprinzip und seine Kriterien	Seite 10
2.1.4.	Pflicht zur Stellenausschreibung für den öffentlichen Dienst	Seite 12
2.2.	Zusätzlicher Behindertenschutz aus Art. 3 III 2 GG als unmittelbar geltendem Recht	Seite 13

DRITTES KAPITEL

3.	Das AGG und das Verbot der Behindertendiskriminierung	Seite 16
3.1.	Ziel des AGG	Seite 16
3.1.1.	Verbot der unmittelbaren Benachteiligung	Seite 17
3.1.2.	Verbot der mittelbaren Benachteiligung	Seite 18
3.2.	Anwendbarkeit des AGG	Seite 19
3.2.1.	Persönlicher Anwendungsbereich	Seite 19
3.2.2.	Sachlicher Anwendungsbereich	Seite 19
3.2.2.1.	Neutrale Stellenausschreibung	Seite 20
3.2.2.2.	Vermeidung der Frage nach einer (Schwer-)	

	Behinderung im Vorstellungsgespräch	Seite 22
3.2.2.3.	Diskriminierungsfreie Entscheidung und Absage	Seite 23

VIERTES KAPITEL

4.	Das SGB IX und die speziellen Vorgaben zur Vermeidung einer Diskriminierung aufgrund von Schwerbehinderung	Seite 25
4.1.	Allgemein für alle Arbeitgeber geltende Normen	Seite 26
4.1.1.	Pflicht zur Beschäftigung von Schwerbehinderten	Seite 26
4.1.2.	Vorschriften für das Stellenbesetzungs- und Kandidatenauswahlverfahren	Seite 28
4.1.2.1.	Prüfung der Stelle auf Eignung zur Besetzung mit Schwerbehinderten	Seite 28
4.1.2.2.	Frühzeitige Meldung des Freiwerdens einer Stelle an die Bundesagentur für Arbeit, um Vermittlungsvorschläge geeigneter schwerbehinderter Kandidaten zu erhalten	Seite 31
4.1.2.3.	In Kenntnis setzen der Schwerbehindertenvertretung nach Bewerbungseingang und Gewährung des Rechts auf Einsicht in die Bewerbungsunterlagen	Seite 32
4.1.2.4.	Beteiligung der Schwerbehindertenvertretung	

	am Vorstellungsgespräch	Seite 33
4.1.2.5.	Erörterung der Entscheidung mit Personalvertretung und Schwerbehindertenvertretung unter Anhörung des Betroffenen im Falle der Nichterfüllung der Quote aus § 71 SGB IX und Mitteilung der Entscheidung an die vorstehend Genannten	Seite 34
4.2.	Für den öffentlichen Dienst zusätzlich geltende Vorschriften	Seite 36
4.2.1.	Frühzeitige Meldung der zu besetzenden Stellen	Seite 36
4.2.2.	Ladungspflicht des Schwerbehinderten zum Vorstellungsgespräch	Seite 37
4.3.	Nicht erzwingbar: Integrationsvereinbarung	Seite 39

FÜNFTES KAPITEL

5.	Folgen der Verstöße gegen die Pflichten aus dem AGG und dem SGB IX	Seite 41
5.1.	Indizwirkung einer Diskriminierung aufgrund von (Schwer-)Behinderung – Verlagerung der Beweislast nach § 22 AGG auf den Beklagten	Seite 41
5.1.1.	Widerlegung einer vermuteten Benachteiligung durch den Beklagten	Seite 42
5.1.2.	Nachweis des Vorliegens eines gesetzlichen Rechtfertigungsgrundes für die Benachteili-	

	gung durch den Beklagten	Seite 43
5.2.	Möglichkeiten des bestgeeigneten (schwer-) behinderten Bewerbers	Seite 44
5.2.1.	Konkurrentenklage um Einstellung bzw. Wiederholung des Auswahlvorgangs	Seite 45
5.2.2.	Schadensersatzklage wegen Diskriminierung in unbegrenzter Höhe	Seite 47
5.3.	Schadensersatzklage wegen Diskriminierung aufgrund Behinderung für alle anderen Bewerber	Seite 48
5.4.	Recht auf Zustimmungsverweigerung zur Besetzung der Stelle durch den Personalrat	Seite 50

SECHSTES KAPITEL

6.	Rolle der Vertretungsorgane bei der Stellenbesetzung	Seite 52
6.1.	Die Schwerbehindertenvertretung	Seite 52
6.2.	Das Personalvertretungsorgan	Seite 54
6.3.	Der Beauftragte des Arbeitgebers	Seite 55

SIEBTES KAPITEL

7.	Probleme aufgrund des Diskriminierungsschutzes (wegen Behinderung) in der Praxis	Seite 58
7.1.	Hohe Gefahr des ungewollten Verstoßes gegen eine Vorschrift	Seite 58

7.2.	Befürchtung hoher Klagezahlen wegen Diskriminierung und Angst vor wirtschaftlichen Schäden	Seite 59
7.3.	Gefahr des „AGG-Hopping"	Seite 60

ACHTES KAPITEL

8.	Darstellung und kritische Würdigung der aktuellen Rechtslage	Seite 64
8.1.	Nicht-Erreichung des Ziels „Förderung der Teilhabe behinderter Menschen" durch strenge und umfassende Vorgaben	Seite 64
8.1.1.	Arbeitslosenquote der Schwerbehinderten	Seite 64
8.1.2.	Vermeidung der Einstellung von Schwerbehinderten durch Arbeitgeber aufgrund zu zahlreicher Schutzvorschriften	Seite 69
8.2.	Hohe Komplexität der Verfahrensvorschriften	Seite 70
8.2.1.	Fehlender Überblick der Arbeitgeber über den Paragraphendschungel	Seite 71
8.2.2.	Bearbeitung der Bewerbungen von Schwerbehinderten mit dem Ziel der Wahrung des Scheins der rechtmäßigen Auswahldurchführung und Stellenbesetzung	Seite 72

NEUNTES KAPITEL

9.	Handlungsleitfaden für die praktische Arbeit	Seite 75

SCHLUSS **SEITE 78**

LITERATUR- UND QUELLENVERZEICHNIS **SEITE 81**

Abbildungsverzeichnis

Abb. 1: Beschäftigte schwerbehinderte Menschen nach Wirtschaftszweigen Jahresdurchschnitt 2014 (Seite 65)

Abb. 2: Prozentuale Verteilung der arbeitslosen Schwerbehinderten nach Qualifikationen (Seite 67)

Abb. 3: Prozentuale Verteilung der arbeitslosen Nicht-Schwerbehinderten nach Qualifikation (Seite 67)

Abkürzungsverzeichnis

AGG = Allgemeines Gleichbehandlungsgesetz
arbrb = Arbeitsrechtsberater Informationsdienst für die arbeitsrechtliche Beratungspraxis
BAG = Bundesarbeitsgericht
BGG = Gesetz zur Gleichstellung behinderter Menschen
BIH = Geschäftsstelle der Bundesarbeitsgemeinschaft der Integrationsämter und Hauptfürsorgestellen
BMAS = Bundesministerium für Arbeit und Soziales
bpb = Bundeszentrale für politische Bildung
BPersVG = Bundespersonalvertretungsgesetz
bspw. = beispielsweise
BVerfG = Bundesverfassungsgericht
BVerwG = Bundesverwaltungsgericht
bzw. = beziehungsweise
dpa = Deutsche Presseagentur
ebd. = ebenda
EuGH = Europäischer Gerichtshof
f = folgende
FAZ = Frankfurter Allgemeine Zeitung
ff = fortfolgende
GdB = Grad der Behinderung
gem. = gemäß
GG = Grundgesetz für die Bundesrepublik Deutschland
ggfs. = gegebenenfalls
ggü. = gegenüber
grds. = grundsätzlich
i. d. R. = in der Regel
i. e. S. = im engeren Sinn
i. F. d. = im Falle der
i. H. v. = in Höhe von
i. R. d. = im Rahmen des

i. S. d. = im Sinne des
i. V. m. = in Verbindung mit
IHK = Industrie- und Handelskammer
insb. = insbesondere
INSM = Initiative Neue Soziale Marktwirtschaft
max. = maximal
mind. = mindestens
o. Ä. = oder Ähnliches
o. g. = oben genannten
o. V. = ohne Verfasser
öAT = Zeitschrift für das öffentliche Arbeits- und Tarifrecht
Rn. = Randnummer
Rs. = Rechtssache
S. = Satz
s. o. u. Nr. = siehe oben unter Nummer
SGB IX = Sozialgesetzbuch Neuntes Buch – Rehabilitation und Teilhabe
        behinderter Menschen
sog. = so genannten
TVöD = Tarifvertrag für den öffentlichen Dienst
u. A. = unter Anderem
u. U. = unter Umständen
VdK = Sozialverband VdK Deutschland e. V.
vgl. = vergleiche
VHU = Vereinigung der Hessischen Unternehmerverbände
VKA = Vereinigung Kommunaler Arbeitgeber
ZB = ZB Zeitschrift: Behinderung und Beruf
ZBFS = Zentrum Bayern Familie und Soziales

Einleitung

In Deutschland leben derzeit ca. 7,5 Millionen Schwerbehinderte.[1] Diesen soll eine bestmögliche Teilhabe am Leben in der Gesellschaft ermöglicht werden.[2] Dies umfasst auch den Zugang zu Arbeit und zum Erwerbsleben.[3] Um den Zugang der Behinderten zum Arbeitsleben zu erleichtern, werden grundlose Benachteiligungen im Bewerbungsverfahren durch das AGG seit zehn Jahren verboten.[4] Für Schwerbehinderte werden zusätzliche Schutz- und Fördervorschriften normiert.[5] Da einige davon nur für den öffentlichen Dienst gelten,[6] in welchem immerhin 215.000 Schwerbehinderte arbeiten,[7] sollen in dieser Arbeit die relevanten Rechtsnormen vorgestellt und reflektiert werden, die sich bei der Stellenbesetzung und Bewerberauswahl – speziell im öffentlichen Dienst – hinsichtlich der (schwer)behinderten Bewerber ergeben.

Die Relevanz des Themas ergibt sich bereits aus der insgesamt weit verbreiteten Diskriminierung die Behinderte erfahren.

---

[1] vgl. Bundesagentur für Arbeit, Die Arbeitsmarktsituation von schwerbehinderten Menschen, Seite 5
[2] vgl. § 1 SGB IX
[3] vgl. Mrozynski/Jabben, SGB IX Teil 1, § 1 Rn. 18
[4] vgl. §§ 7, 1, 3, 6 I AGG
[5] vgl. 2. Teil des SGB IX
[6] vgl. § 82 SGB IX
[7] vgl. Bundesagentur für Arbeit, Die Arbeitsmarktsituation von schwerbehinderten Menschen, Seite 7

So wurden knapp 25 % der Behinderten in den letzten zwei Jahren behinderungsbedingt benachteiligt. Besonders weit verbreitet sind diese Benachteiligungen im Arbeitsleben.[8]

Dies gilt umso mehr, wenn man bedenkt, dass im öffentlichen Sektor in Deutschland rund 4,65 Millionen Menschen beschäftigt sind.[9]

Die nachfolgende Arbeit ist so aufgebaut, dass im
- Ersten Kapitel allgemeine Begriffsdefinitionen vorgenommen werden, die für diese Arbeit relevant sind,
- Zweiten Kapitel die allgemeinen Auswahlgrundsätze vorgestellt werden, die der öffentlich-rechtliche Arbeitgeber bei der Stellenbesetzung zu beachten hat,
- Dritten Kapitel die hinsichtlich des Merkmals der Behinderung relevanten Vorschriften des AGG für den Bewerbungsprozess besprochen werden,
- Vierten Kapitel die Vorgaben zum Schutz der Schwerbehinderten aus dem SGB IX erläutert werden, soweit sie für das Auswahlverfahren (des öffentlichen Dienstes) relevant sind,
- Fünften Kapitel die möglichen Rechtsfolgen von Verstößen gegen die Vorgaben des AGG und des SGB IX erläutert werden,
- Sechsten Kapitel die Rollen von Personalvertretung, Schwerbehindertenvertretung und Beauftragten des Arbeitgebers im Auswahlprozess beleuchtet werden,
- Siebten Kapitel die Probleme besprochen werden, die sich aus dem derzeitigen Diskriminierungsschutz in der Praxis ergeben,
- Achten Kapitel eine kritische Würdigung der derzeitigen Rechtslage mit Verbesserungsvorschlägen aufgenommen werden,
- Neunten Kapitel ein Handlungsleitfaden für die Arbeit in der Praxis gereicht wird.

---

[8] vgl. Beauftragte der Bundesregierung für die Belange von Menschen mit Behinderungen, Bentele, Fast jeder Dritte in Deutschland hat bereits Diskriminierung erlebt
[9] vgl. Statistisches Bundesamt, Personal im öffentlichen Dienst 2015 rückläufig – Zuwachs bei Kitas

Die Arbeit muss nicht zwingend von Anfang bis Ende gelesen werden. Sie kann vielmehr auch als Nachschlagwerk genutzt werden, da die einzelnen Kapitel soweit in sich geschlossen sind und ggfs. Verweise in andere Kapitel aufweisen.

Wie sich aus der Themenstellung bereits ergibt, geht es in dieser Arbeit um Arbeitnehmer. Entsprechend werden Vorschriften nicht besprochen, die sich allein auf Beamte beziehen.

Um einen besseren Lesefluss zu ermöglichen, werden in dieser Arbeit ausschließlich maskuline Formulierungen genutzt. Selbstredend beziehen sich diese daneben auch auf Frauen.

1 Erstes Kapitel

1. Definitionen notwendiger Begrifflichkeiten
Da diese Arbeit sich über den diskriminierungsfreien Umgang der Arbeitgeber des öffentlichen Dienstes mit schwerbehinderten Bewerbern erstreckt, sollen nachfolgend die relevantesten Begrifflichkeiten für diese Arbeit definiert werden.

1.1. Arbeitgeber
Als Arbeitgeber wird die Person bezeichnet, der gegenüber der Arbeitnehmer seine Arbeitsleistung erbringt. Er ist derjenige, mit dem der Arbeitnehmer den Arbeitsvertrag abschließt.[10] Abzugrenzen hiervon ist der Dienstherr, welchem Beamte aus einem öffentlich-rechtlichen Verhältnis heraus Dienst und Treue schulden.[11] Um die Dienstherren und Beamten wird es nachfolgend nicht mehr gehen, da sie nicht Gegenstand dieser Arbeit sind.

1.2. Öffentlicher Dienst
Als öffentlicher Dienst werden diejenigen bezeichnet, die als Beamte oder als Arbeitnehmer/Arbeiter aufgrund eines Arbeitsvertrags für eine juristische Person des öffentlichen Rechts arbeiten.[12]

1.3. Öffentlich-rechtlicher Arbeitgeber bzw. Arbeitgeber des öffentlichen Dienstes
Als Arbeitgeber im öffentlichen Dienst kommen nur juristische Personen in Betracht. Dies sind im Einzelnen Gebietskörperschaften (wie Bund, Länder, Kommunen)[13] und sonstige öffentlich-rechtliche juristische Personen, wie

---

[10] vgl. Groeger et al, Arbeitsrecht im öffentlichen Dienst, Weber, Teil 1 Rn. 26
[11] vgl. Art. 33 IV GG
[12] vgl. Rechtswörterbuch, Öffentlicher Dienst
[13] vgl. Groeger et al, Arbeitsrecht im öffentlichen Dienst, Weber, Teil 1 Rn. 28

Nicht-Gebietskörperschaften (bspw. Sparkassen, IHK, Ärztekammer), Stiftungen und auch Anstalten.[14]

Bei einer Tätigkeit, die ggü. einer privatrechtlichen juristischen Person erbracht wird, kann es sich in keinem Fall um ein Arbeitsverhältnis des öffentlichen Dienstes handeln.[15]

1.4. Behinderter Mensch

Das Diskriminierungsmerkmal der Behinderung wurde in das AGG aus dem BGG übernommen. Dort wurde sie in § 3 so definiert wie dies auch im § 2 I 1 SGB IX der Fall ist.[16]

„Menschen sind behindert, wenn ihre körperliche Funktion, geistige Fähigkeit oder seelische Gesundheit mit hoher Wahrscheinlichkeit länger als sechs Monate von dem für das Lebensalter typischen Zustand abweichen und daher ihre Teilhabe am Leben in der Gesellschaft beeinträchtigt."[17]

Die Behinderung (i. S. d. SGB IX) wird auf Antrag durch das Versorgungsamt festgestellt.[18] Das Ergebnis der auf den Antrag folgenden Untersuchung wird in einem GdB (in Zehnerschritten – beginnend bei 20 endend bei 100) festgehalten.[19]

Die Zuerkennung eines solchen GdB ist nicht erforderlich, damit eine Benachteiligung aufgrund Behinderung i. S. d. AGG und damit i. R. d. Einstellungsverfahrens vorliegen kann.[20] Dies liegt daran, dass die obige Definiti-

---

[14] vgl. Groeger et al, Arbeitsrecht im öffentlichen Dienst, Weber, Teil 1 Rn. 29
[15] vgl. Groeger et al, Arbeitsrecht im öffentlichen Dienst, Weber, Teil 1 Rn. 30
[16] vgl. Schleusener et al, Kommentar zum Allgemeinen Gleichbehandlungsgesetz, § 1 Rn. 62
[17] § 2 I 1 SGB IX
[18] vgl. Greß, Schwerbehindert, Seite 16
[19] vgl. VdK, Grad der Behinderung (GdB) und Grad der Schädigungsfolgen (GdS)
[20] vgl. Schleusener et al, Kommentar zum Allgemeinen Gleichbehandlungsgesetz, § 1 Rn. 67

on aus dem deutschen Sozialrecht kommt, wohingegen der Behinderungsbegriff des AGG in Übereinstimmung mit der Rechtsprechung des EuGH auszulegen ist. Insofern kann sich die Definition der Behinderung in Zukunft für diese Thematik wandeln.[21]

Eine Behinderung ist somit eine Normabweichung psychischer oder biologischer Natur, durch die der betroffene Mensch eingeschränkt wird an seiner Teilhabe am Leben.[22] Dies ist nicht automatisch aufgrund einer Krankheit der Fall.[23]

Unter einem behinderten Menschen ist also derjenige zu verstehen, dessen Lebensteilhabe eingeschränkt ist, weil er biologisch oder psychisch vom Normalzustand anderer Menschen abweicht und dies unabhängig davon, ob für ihn ein GdB festgesetzt wurde oder nicht.

Von der Begrifflichkeit der behinderten Menschen werden im Folgenden immer auch die gleichgestellten behinderten Menschen und die Schwerbehinderten mit umfasst.

1.5. Schwerbehinderter Mensch

Schwerbehindert ist ein Mensch, bei dem *„ein Grad der Behinderung von wenigstens 50 vorliegt und [der seinen] Wohnsitz, [seinen] gewöhnlichen Aufenthalt oder [seine] Beschäftigung auf einem Arbeitsplatz im Sinne des § 73 [SGB IX] rechtmäßig im Geltungsbereich [des SGB IX] [hat]."*[24]

1.6. Gleichgestellter behinderter Mensch

Ein Gleichgestellter ist ein behinderter Mensch, der einen GdB von mind. 30 jedoch weniger als 50 hat und bei dem die sonstigen Voraussetzungen

---

[21] vgl. Schleusener et al, Kommentar zum Allgemeinen Gleichbehandlungsgesetz, § 1 Rn. 62
[22] vgl. Schleusener et al, Kommentar zum Allgemeinen Gleichbehandlungsgesetz, § 1 Rn. 64
[23] vgl. EuGH, Rs. C-13/05, Rn. 44
[24] § 2 II SGB IX

für eine Schwerbehinderteneigenschaft (s. o. u. Nr. 1.5.) erfüllt sind. Daneben muss für ihn die Gleichstellung notwendig sein, um einen Arbeitsplatz i. S. d. § 73 SGB IX erlangen oder behalten zu können.[25]

Erhält ein behinderter Mensch die Gleichstellung, gilt für ihn das Schwerbehindertenrecht – ausgenommen die Regelungen der §§ 125, 145 ff SGB IX.[26]

Soweit nicht explizit anderes erwähnt wird, sind in dieser Arbeit im Folgenden unter der Bezeichnung der schwerbehinderten Menschen auch immer die ihnen gleichgestellten Menschen mit zu verstehen.

1.7. Bewerber
Unter einem Bewerber versteht man denjenigen, der für seine eigene Person bei Unternehmen und sonstigen potenziellen Arbeitgebern Werbung mit dem Ziel macht, dort eine Arbeitstätigkeit/-stelle zu finden.[27]

Er unterzieht sich hierbei regelmäßig einem unternehmerischen Auswahlverfahren für eine Stellenbesetzung nach vorangegangener Stellenausschreibung. Daneben ist allerdings auch eine Initiativbewerbung möglich.

In dieser Arbeit ist unter Bewerber einerseits derjenige zu verstehen, der sich auf eine freie/frei werdende Stelle bewirbt und andererseits auch derjenige, der von der Bundesagentur für Arbeit oder einem Integrationsfachdienst für einen solche Stelle vorgeschlagen wird[28].

1.8. Behinderter Bewerber
Ein behinderter Bewerber ist ein Bewerber, der von einer Behinderung betroffen ist, für die der GdB jedoch mit unter 50 angesetzt wurde und eine Gleichstellung nicht erfolgte.

---

[25] vgl. § 2 III SGB IX
[26] vgl. Besgen, Schwerbehindertenrecht, Rn. 12
[27] vgl. Gabler Wirtschaftslexikon, Bewerbung
[28] vgl. § 81 I 3 SGB IX

1.9. Schwerbehinderter Bewerber
Ein schwerbehinderter Bewerber ist ein Bewerber, dem mind. ein GdB von 50 zuerkannt wurde.[29]

1.10. Gleichgestellter behinderter Bewerber
Ein gleichgestellter behinderter Bewerber ist ein Bewerber, für den die Gleichstellung mit einem Schwerbehinderten festgestellt wurde.[30]

Soweit in dieser Arbeit kein anderslautender Hinweis erfolgt, werden die gleichgestellten behinderten Bewerber aufgrund des ebenfalls für sie geltenden Schwerbehindertenrechts[31] von der Bezeichnung der schwerbehinderten Bewerber mit umfasst.

---

[29] vgl. § 2 II SGB IX
[30] vgl. § 2 III SGB IX
[31] vgl. Besgen, Schwerbehindertenrecht, Rn. 12

2 Zweites Kapitel

2. Allgemeines zur Stellenbesetzung im öffentlichen Dienst

Für den öffentlichen Dienst gelten alle Vorgaben, die auch privatrechtliche Arbeitgeber zu beachten haben. Daneben gibt es allerdings noch einige Besonderheiten, die bei der Personalauswahl zu beachten sind. Die – für die Aufgabenstellung dieser Arbeit – relevanten Aspekte sollen daher an dieser Stelle kurz dargestellt werden.

2.1. Allgemeiner Auswahlgrundsatz: Bestenauslese

Der Arbeitgeber des öffentlichen Dienstes hat seine Stellen – als öffentliche Ämter – unter Beachtung des Grundsatzes der Bestenauslese (auch Leistungsprinzip genannt) zu besetzen.[32]

2.1.1. Stellen des öffentlichen Dienstes müssen grds. für Beamte und Angestellte geeignet sein

Ob er eine freie Stelle mit einem Beamten oder mit einem Angestellten versieht, ist hierbei allein seine Entscheidung.[33] Allerdings darf er die Stelle im Falle der Ausschreibung nicht von vornherein im Ausschreibungstext auf Beamte beschränken – ausgenommen die Stellen, die unter den Funktionsvorbehalt fallen.[34] In diesem Zusammenhang muss auch gewährleistet sein, dass die Anforderungsprofile der zu besetzenden Stellen so formuliert sind, dass sie sowohl von Beamten, wie auch von Angestellten erfüllt werden können.[35]

---

[32] vgl. Art. 33 II GG
[33] vgl. Richter et al, Das Recht der Personalauswahl im öffentlichen und kirchlichen Dienst, Seite 21
[34] vgl. Groeger et al, Arbeitsrecht im öffentlichen Dienst, Hauck-Scholz, Teil 2 Rn. 20
[35] vgl. Richter et al, Das Recht der Personalauswahl im öffentlichen und kirchlichen Dienst, Seite 23

2.1.2. Beamten vorbehalten: Stellen des Funktionsvorbehaltes
Stellen des Funktionsvorbehaltes sind dem Berufsbeamten vorbehalten.[36] Es handelt sich bei diesen Stellen allein um solche, bei denen hoheitsrechtliche Befugnisse ausgeübt werden. Das BVerwG subsumiert unter den Funktionsvorbehalt die Stellen des Militärs, der Ordnungskräfte und Polizei, der Justiz, der Fiskalverwaltung, der Diplomatie und der Verwaltungsstellen der Gebietskörperschaften, die Rechtsakte ausarbeiten, durchführen und die mit einer Aufsichtsfunktion hoheitlicher Natur betraut sind.[37]

Die unter den Funktionsvorbehalt fallenden Stellen sind von den Ausführungen dieser Arbeit nicht betroffen, da sie durch Arbeitnehmer nicht besetzt werden können.

2.1.3. Das Leistungsprinzip und seine Kriterien
Für alle Stellen gilt jedoch, dass gem. Leistungsprinzip der bestgeeignete Kandidat die Stelle zu erhalten hat. Vom bestgeeigneten Kandidaten spricht man dann, wenn er im vorliegenden Einzelfall in Relation zu den Mitbewerbern absolut und in jeder Hinsicht am besten dem Anforderungsprofil entspricht.[38]

Ziel dieser Auswahl nach dem Bestengrundsatz ist es, den öffentlichen Dienst leistungsfähig zu erhalten, in dem seine Stellen bestmöglich besetzt werden.[39]

Bei der Ermittlung des besten Kandidaten wird auf die Eignung im weiteren Sinn abgestellt. Diese umfasst die Einzelkriterien der Befähigung, der fach-

---

[36] vgl. Art. 33 IV GG
[37] vgl. Jarass/Pieroth, Grundgesetz für die Bundesrepublik Deutschland Kommentar, Art. 33 Rn. 43
[38] vgl. Groeger et al, Arbeitsrecht im öffentlichen Dienst, Hauck-Scholz, Teil 2 Rn. 16
[39] vgl. BVerwG, 2 C 16.09, Rn. 21

lichen Leistung und der Eignung im engeren Sinn.[40] Sie ist abzustellen auf die jeweils zu besetzende Stelle.[41]

Die Befähigung (auch Fachlichkeit[42]) hängt ab, von der laufbahnrechtlichen Vorbildung, der Allgemeinbildung, soweit sie für das entsprechende öffentliche Amt von Bedeutung ist, der Lebenserfahrung und der allgemeinen Begabung.[43]

Die fachliche Leistung (auch praktische Bewährung[44]) bezieht sich auf die Fachkompetenz bestehend aus der praktischen Bewährung in diesem Fach, den fachlichen Fertigkeiten und den Fachkenntnissen.[45]

Die Eignung im engeren Sinn (auch Gesamtanforderungen[46]) erfasst alle Eigenschaften bezogen auf Körper, Psyche, Geist und Charakter, die nicht von den Bereichen der Befähigung und der fachlichen Leistung mit erfasst werden und dennoch von Bedeutung für die Einstellung und spätere Amtsausübung sind.[47]

---

[40] vgl. Jarass/Pieroth, Grundgesetz für die Bundesrepublik Deutschland Kommentar, Art. 33 Rn. 14
[41] vgl. Jarass/Pieroth, Grundgesetz für die Bundesrepublik Deutschland Kommentar, Art. 33 Rn. 15
[42] vgl. Richter et al, Das Recht der Personalauswahl im öffentlichen und kirchlichen Dienst, Seite 22
[43] vgl. Groeger et al, Arbeitsrecht im öffentlichen Dienst, Hauck-Scholz, Teil 2 Rn. 23
[44] vgl. Richter et al, Das Recht der Personalauswahl im öffentlichen und kirchlichen Dienst, Seite 22
[45] vgl. Jarass/Pieroth, Grundgesetz für die Bundesrepublik Deutschland Kommentar, Art. 33 Rn. 14
[46] vgl. Richter et al, Das Recht der Personalauswahl im öffentlichen und kirchlichen Dienst, Seite 22
[47] vgl. Jarass/Pieroth, Grundgesetz für die Bundesrepublik Deutschland Kommentar, Art. 33 Rn. 14

Über die Eignung wird aufgrund des als Maßstab zugrundeliegenden Anforderungsprofils durch den Arbeitgeber des öffentlichen Dienstes selbst entschieden.[48] Hierbei steht ihm ein großer Handlungs- und Entscheidungsspielraum zu.[49]

Entscheidet sich der suchende Arbeitgeber nach Abgleich der Bewerber mit dem Anforderungsprofil für einen Kandidaten, der nicht der bestgeeignete ist, so ist diese Entscheidung rechtswidrig oder zumindest ermessensfehlerhaft. Daraus folgt für den bestgeeigneten Kandidaten, dass er u. U. einen Anspruch auf Einstellung oder Beförderung hat, wenn allein seine Einstellung/Beförderung unter Beachtung der Bestenauslese rechtmäßig und ermessensfehlerfrei wäre.[50] Näheres hierzu in Kapitel 5.2.1.

2.1.4. Pflicht zur Stellenausschreibung für den Öffentlichen Dienst

Im Zuge der Diskussion um den Grundsatz der Bestenauslese wird häufig betont, dass Art. 33 II GG eine Verpflichtung zur Stellenausschreibung für den öffentlichen Dienst begründet. Ohne eine Ausschreibung wäre nicht gewährleistet, dass geeignete interessierte Bewerber sich um ein öffentliches Amt bewerben könnten. Dadurch wird das grundrechtsgleiche Recht auf Zugang zum öffentlichen Amt verletzt, so das entsprechende Hauptargument der Befürworter einer Ausschreibungspflicht.[51]

Dem wird entgegengehalten, dass das BVerwG in seiner Entscheidung vom 16.10.1975 festhielt, dass es Sache des Gesetzgebers sei, dafür zu sorgen, dass jedem der gleiche Zugang zu öffentlichem Amte gewährleistet wird. Da nach diesem Urteil das BVerfG in seiner Rechtsprechung vom 18.06.1986 die effektive Durchsetzung eines Rechts als wesentliches Ele-

---

[48] vgl. Groeger et al, Arbeitsrecht im öffentlichen Dienst, Hauck-Scholz, Teil 2 Rn. 56 f
[49] vgl. Jarass/Pieroth, Grundgesetz für die Bundesrepublik Deutschland Kommentar, Art. 33 Rn. 15
[50] vgl. Groeger et al, Arbeitsrecht im öffentlichen Dienst, Hauck-Scholz, Teil 2 Rn. 16
[51] vgl. Groeger et al, Arbeitsrecht im öffentlichen Dienst, Hauck-Scholz, Teil 2 Rn. 4

ment des Grundrechtsschutzes ausgedehnt hat, dürfte wohl auch das BVerwG seine damalige Rechtsprechung ändern.[52]

Daraus folgt, dass sich aus Art. 33 II GG eine Ausschreibungspflicht ableiten lässt. Diese betrifft alle öffentlichen Ämter, also auch die Stellen von Arbeitnehmern. Über die einzelnen Modalitäten zum Ausschreibungsprozedere schweigt Art. 33 II GG. Dies liegt daran, dass diese für die spezifische Stelle individuell festzulegen sind.[53]

Ein weiteres Argument für die Existenz einer allgemeinen Stellenausschreibung könnte in der Vorschrift des § 82 SGB IX zu sehen sein. Dieser verpflichtet die Arbeitgeber des öffentlichen Dienstes, alle freien und frei werdenden Stellen, die besetzt werden sollen, an die Bundesagentur für Arbeit zu melden, damit diese Vermittlungsvorschläge abgeben kann.[54] Dies führt zumindest dazu, dass die vakante Stelle nach außen kommuniziert werden muss.

2.2. Zusätzlicher Behindertenschutz aus Art. 3 III 2 GG als unmittelbar geltendem Recht

„Die nachfolgenden Grundrechte binden Gesetzgebung, vollziehende Gewalt und Rechtsprechung als unmittelbar geltendes Recht."[55] Dieser Formulierung folgen die einzelnen Grundrechte und grundrechtsgleichen Rechte im GG. Sie stellt zunächst einmal fest, dass die Grundrechte nicht erst in Gesetzen ausgeführt und umgesetzt werden müssen, um gelten zu können. Stattdessen gelten sie, entsprechend ihren Formulierungen, direkt und zwingend als unmittelbares Recht.[56]

---

[52] vgl. Groeger et al, Arbeitsrecht im öffentlichen Dienst, Hauck-Scholz, Teil 2 Rn. 5
[53] vgl. Groeger et al, Arbeitsrecht im öffentlichen Dienst, Hauck-Scholz, Teil 2 Rn. 6 f
[54] vgl. § 82 Satz 1 SGB IX
[55] Art. 1 III GG
[56] vgl. Jarass/Pieroth, Grundgesetz für die Bundesrepublik Deutschland Kommentar, Art. 1 Rn. 31

Hierbei werden alle öffentlich-rechtlichen Einrichtungen von Art. 1 III GG erfasst. Entsprechend haben sie unabhängig davon, ob sie privatrechtlich oder öffentlich-rechtlich agieren die Grundrechte zu achten.[57] Folglich haben die Arbeitgeber des öffentlichen Dienstes die Grundrechte auch immer dann zu beachten, wenn sie einen Angestellten für eine neu zu besetzende Stelle auswählen.

Noch vor den Diskriminierungsverboten des AGG gilt hinsichtlich des Benachteiligungsverbots Behinderter also Art. 3 III 2 GG („*Niemand darf wegen seiner Behinderung benachteiligt werden.*").

Diese Ergänzung des bisherigen Art. 3 III GG wurde im am 15.11.1994 für das geeinte Deutschland in Kraft tretenden Grundgesetz aufgenommen, nachdem Sozialverbände und Behindertenorganisationen auf ein grundrechtliches Diskriminierungsverbot Behinderter (nach amerikanischem Vorbild) hingewirkt hatten.[58]

Aus dieser Norm folgt die Verpflichtung der Träger der öffentlichen Gewalt, die Behinderten in der Gesellschaft und im geltenden Recht zu stärken und ihre Teilhabe am Leben zu fördern.[59]

Als Behinderter ist hier anzusehen, wer sich in einem Zustand dauerhafter Beeinträchtigung von Körper, Geist oder Seele befindet.[60]

Eine Ungleichbehandlung aufgrund des Vorliegens einer Behinderung durch eine öffentlich-rechtliche Einrichtung ist somit verboten,[61] wenn sie

---

[57] vgl. Jarass/Pieroth, Grundgesetz für die Bundesrepublik Deutschland Kommentar, Art. 1 Rn. 38
[58] vgl. Mürner/Sierck, Behinderung Chronik eines Jahrhunderts, Seite 122 f
[59] vgl. Jarass/Pieroth, Grundgesetz für die Bundesrepublik Deutschland Kommentar, Art. 3 Rn. 142
[60] vgl. Jarass/Pieroth, Grundgesetz für die Bundesrepublik Deutschland Kommentar, Art. 3 Rn. 144
[61] vgl. ebd.

nicht aufgrund gesetzlicher Grundlagen erfolgt, um den Besonderheiten, die sich aus der Behinderung ergeben gerecht zu werden.[62]

Hinsichtlich der Personalauswahl für eine Stellenbesetzung heißt dies also, dass ein Behinderter nicht grundlos schlechter gestellt werden darf als ein Nichtbehinderter.[63]

Fraglich ist in diesem Zusammenhang, ob es möglich ist, Behinderte grds. zu bevorzugen. Aus der Formulierung des Art. 3 III 2 GG ergibt sich in Abweichung zu Art. 3 III 1 GG, dass eine Bevorzugung nicht verboten ist. Dies erschließt sich aus dem in Satz zwei fehlenden Wort „bevorzugt", welches in Satz eins ausdrückliche Erwähnung findet. Nach Auslegung der Norm ergibt sich daher, dass eine Bevorzugung nicht per se verboten ist.[64]

Demnach ist es bspw. insbesondere möglich, Schwerbehinderte bevorzugt einzustellen, wenn
1. diese die gleiche Eignung vorweisen können, wie der beste nicht schwerbehinderte Bewerber, oder
2. dies der Erreichung der Beschäftigungspflichtquote von Schwerbehinderten dient, da diese zum Einstellungszeitpunkt noch nicht erfüllt ist.[65]

Dies scheint gerade bei Stellenausschreibungen des öffentlichen Dienstes weit verbreitet, wie Formulierungen wie „Bei gleicher Qualifikation werden schwerbehinderte Menschen oder diesen Gleichgestellte bevorzugt eingestellt."[66] o. Ä. in Stellenausschreibungen deutlich machen.

---

[62] vgl. Jarass/Pieroth, Grundgesetz für die Bundesrepublik Deutschland Kommentar, Art. 3 Rn. 149
[63] vgl. Jarass/Pieroth, Grundgesetz für die Bundesrepublik Deutschland Kommentar, Art. 33 Rn. 12
[64] vgl. Müller-Glöge et al, Erfurter Kommentar zum Arbeitsrecht, Art. 3 GG Rn. 77
[65] vgl. Jarass/Pieroth, Grundgesetz für die Bundesrepublik Deutschland Kommentar, Art. 33 Rn. 24
[66] Besgen, Schwerbehindertenrecht, Rn. 26

3 Drittes Kapitel

3. Das AGG und das Verbot der Behindertendiskriminierung

Das AGG ist ein deutsches Gesetz, in dem die vier folgenden EU-Richtlinien umgesetzt werden[67]:

- 2000/43/EG (Sie zielt ab auf die Vermeidung einer Benachteiligung aufgrund von Rasse und ethnischer Herkunft.)
- 2000/78/EG (Sie erweitert die Merkmale, die eine Diskriminierung verbieten, um die Religion, die Weltanschauung, das Alter, das Vorliegen einer Behinderung und um die sexuelle Identität.)
- 2006/54/EG (Sie fasst die beiden Richtlinien 2002/73/EG und 76/207 EWG zusammen. Sie dient dem Schutz vor einer Benachteiligung aufgrund der Zugehörigkeit zu einem bestimmten Geschlecht.)
- 2004/113/EG (Sie gebietet die Gleichbehandlung der Geschlechter außerhalb des Arbeits- und Erwerbslebens.)

Es ist das zentrale Gesetz in Deutschland zur Vermeidung von Diskriminierungen. Seine Zielsetzung soll hier in Hinblick auf den Schutz Behinderter vor Diskriminierung im Stellenbesetzungs- und Auswahlverfahren dargestellt werden.

3.1. Ziel des AGG

Das AGG verfolgt das Ziel, „*Benachteiligungen aus Gründen der Rasse oder wegen der ethnischen Herkunft, des Geschlechts, der Religion oder Weltanschauung, einer Behinderung, des Alters oder der sexuellen Identität zu verhindern oder zu beseitigen.*"[68] Um dieses Ziel zu erreichen, stellt das AGG einige Normen auf, die für das Stellenbesetzungsverfahren zu beachten sind.

---

[67] vgl. Schleusener et al, Kommentar zum Allgemeinen Gleichbehandlungsgesetz, § 1 Rn. 2

[68] § 1 AGG

Es verbietet Diskriminierungen. Eine solche liegt vor, wenn eine Benachteiligung wegen eines Merkmals aus § 1 AGG vorliegt, ohne dass dies durch einen Sachgrund gerechtfertigt ist.[69]

3.1.1. Verbot der unmittelbaren Benachteiligung

„*Eine unmittelbare Benachteiligung liegt vor, wenn eine Person wegen eines in § 1 genannten Grundes eine weniger günstige Behandlung erfährt, als eine andere Person in einer vergleichbaren Situation erfährt, erfahren hat oder erfahren würde.*"[70]

Eine solche unmittelbare Benachteiligung liegt also immer dann vor, wenn jemand durch eine Unterscheidung der Personengruppen schlechter behandelt wird als eine Vergleichsperson, weil er über ein Merkmal des § 1 AGG in einer bestimmten Ausprägung verfügt. Es ist hier bereits ausreichend, wenn eine hypothetische Vergleichsperson besser behandelt würde. Eine real bessergestellte Person muss nicht existieren. Diese unmittelbare Benachteiligung liegt bereits schon in der Vorenthaltung von Chancen und nicht allein im Herbeiführen von wirtschaftlichen oder materiellen Schäden.[71]

Eine unmittelbare Benachteiligung Behinderter wäre demgemäß bspw. darin zu sehen, dass ein Personalsachbearbeiter (nach Aufforderung durch den Arbeitgeber) aus den eingegangenen Bewerbungen auf eine freie Stelle diejenigen herausfiltert, die schwerbehindert oder gleichgestellt sind, weil er diese wegen des erhöhten Kündigungsschutzes nicht einstellen soll.

Eine solche unmittelbare Benachteiligung ist rechtswidrig und kann Schadensersatzansprüche auslösen.[72]

---

[69] vgl. Antidiskriminierungsstelle des Bundes, II. Was ist rechtlich eine Diskriminierung?, Seite 34
[70] § 3 I 1 AGG
[71] vgl. Müller-Glöge et al, Erfurter Kommentar zum Arbeitsrecht, § 3 AGG Rn. 2
[72] vgl. § 15 AGG

3.1.2. Verbot der mittelbaren Benachteiligung

„*Eine mittelbare Benachteiligung liegt vor, wenn dem Anschein nach neutrale Vorschriften, Kriterien oder Verfahren Personen wegen eines in § 1 genannten Grundes gegenüber anderen Personen in besonderer Weise benachteiligen können, es sei denn, die betreffenden Vorschriften, Kriterien oder Verfahren sind durch ein rechtmäßiges Ziel sachlich gerechtfertigt und die Mittel sind zur Erreichung dieses Ziels angemessen und erforderlich.*"[73]

Bezogen auf das Merkmal der Behinderung bedeutet dies, dass bspw. in den folgenden Vorgängen mittelbare Benachteiligungen zu sehen sind:
- Für eine Stelle werden gute Schreibmaschinenkenntnisse verlangt, obwohl diese für die konkrete Tätigkeit nicht zwingend erforderlich sind. Diese Forderung kann statistisch gesehen häufiger von Behinderten nicht erfüllt werden als von Nichtbehinderten.[74]
- Ein Arbeitgeber führt in seinem Betrieb ein 3-Schichtsystem verbindlich für alle Mitarbeiter ein. Er achtet nicht darauf, dass manche seiner behinderten Arbeitnehmer aufgrund ihrer Behinderung nicht während der Nachtzeit arbeiten können.[75]

Die Feststellung darüber, ob eine vermeintlich neutrale Vorschrift evtl. eine mittelbare Diskriminierung darstellt ist in der Praxis häufig schwierig.[76]

Es kann daher hilfreich sein, Vergleichsgruppen zu bilden. Im Falle eines Stellenbesetzungs- und Auswahlverfahrens ist es bspw. möglich, festzulegen, welche Bewerbergruppe für die Stelle in Betracht käme.[77] Mit dieser können sich dann diejenigen, die sich in der Gruppe der nicht in Betracht

---

[73] § 3 II AGG
[74] vgl. Schleusener et al, Kommentar zum Allgemeinen Gleichbehandlungsgesetz, § 3 Rn. 116
[75] vgl. Schleusener et al, Kommentar zum Allgemeinen Gleichbehandlungsgesetz, § 3 Rn. 120
[76] vgl. Schleusener et al, Kommentar zum Allgemeinen Gleichbehandlungsgesetz, § 3 Rn. 75
[77] vgl. Schleusener et al, Kommentar zum Allgemeinen Gleichbehandlungsgesetz, § 3 Rn. 77

kommenden Bewerber befinden, abgleichen lassen.[78] Nach Bildung und Abgleich der Vergleichsgruppen kann untersucht werden, ob die Gruppe der nicht in Betracht kommenden Bewerber allein aufgrund zulässiger Auswahlkriterien schlechter gestellt wird oder ob evtl. eine grundlose Schlechterstellung einer geschützten Personengruppe vorliegt. Eine solche Schlechterstellung ist anzunehmen, wenn Merkmalsträger eines in § 1 AGG genannten Kriteriums sich häufiger in der schlechter gestellten Gruppe finden.[79] Ein Beispiel hierfür ist vorstehend bezogen auf gute Schreibmaschinenkenntnisse aufgeführt.

3.2. Anwendbarkeit des AGG
Damit die Vorschriften des AGG greifen, muss das Gesetz anwendbar sein. Dies setzt für jeden konkreten Einzelfall voraus, dass er den persönlichen und sachlichen Anwendungsbereich des AGG eröffnet.

3.2.1. Persönlicher Anwendungsbereich
Der persönliche Anwendungsbereich des AGG ist für Beschäftigte gegen ihre Arbeitgeber eröffnet. Unter dem Beschäftigtenbegriff versteht das Gesetz Arbeitnehmer, diejenigen, die im Rahmen ihrer Berufsbildung beschäftigt werden und diejenigen, die aufgrund wirtschaftlicher Unselbständigkeit arbeitnehmerähnlich sind.[80]

Da sich aufgrund dieser Norm externe Bewerber in einem Stellenbesetzungsverfahren noch nicht auf das Benachteiligungsverbot des AGG berufen können, stellt das AGG diese mit Beschäftigten gleich.[81]

3.2.2. Sachlicher Anwendungsbereich
Der sachliche Anwendungsbereich des AGG ist gem. § 2 AGG eröffnet, in den Bereichen: *„Beschäftigung und Beruf, Waren- und Dienstleistungsverkehr, Sozialschutz durch Private, private Bildungsträger"*[82]

---

[78] vgl. Schleusener et al, Kommentar zum Allgemeinen Gleichbehandlungsgesetz, § 3 Rn. 79
[79] vgl. Schleusener et al, Kommentar zum Allgemeinen Gleichbehandlungsgesetz, § 3 Rn. 80
[80] vgl. § 6 I 1 AGG
[81] vgl. § 6 I 2 AGG

Über den Bereich, der sich über Beschäftigung und Beruf erstreckt, wird auch das gesamte Stellenbesetzungsverfahren (intern wie extern) vom sachlichen Anwendungsbereich des AGG erfasst. Um hier einer Diskriminierung Behinderter vorzubeugen, sind bei den einzelnen Maßnahmen während des Auswahl- und Stellenbesetzungsprozesses die Diskriminierungsverbote zu beachten. Sie sollen nachfolgend in Bezug auf das Merkmal der Behinderung erläutert werden.

3.2.2.1. Neutrale Stellenausschreibung

Das AGG verlangt, dass Stellenausschreibungen neutral zu formulieren sind. D. h. sie dürfen nicht so formuliert werden, dass eine Benachteiligung wegen eines in § 1 AGG genannten Merkmals unzulässiger Weise möglich ist.[83]

Problematisch ist bspw. eine Stellenausschreibung, in der ein *„körperlich uneingeschränkt leistungsfähig[er]"*[84] Mitarbeiter gesucht wird.

Diese Verpflichtung trifft alle (möglichen) Arbeitgeber. Sie trifft hierbei jedoch diejenigen nicht, die lediglich eine von einem Arbeitgeber formulierte Ausschreibung der Öffentlichkeit ggü. zugänglich machen (z. B. Internetstellenbörsen, Personalberater, etc.).[85] Eine Haftung für Dritte, derer sich der Arbeitgeber bei der Stellenausschreibung bedient scheidet wohl wegen fehlender gesetzlicher Normierung aus.[86]

Das Neutralitätsgebot gilt hierbei für alle Ausschreibungen, die an die Allgemeinheit gerichtet werden und diese dazu aufrufen sollen, sich um eine

---

[82] Antidiskriminierungsstelle des Bundes, II. Was ist rechtlich eine Diskriminierung?, Seite 37

[83] vgl. § 11 AGG i. V. m. § 7 AGG

[84] IHK Wiesbaden, Scheibig/Börner, AGG bei Stellenausschreibungen und Bewerbungsverfahren

[85] vgl. Schleusener et al, Kommentar zum Allgemeinen Gleichbehandlungsgesetz, § 11 Rn. 7 f

[86] vgl. Schleusener et al, Kommentar zum Allgemeinen Gleichbehandlungsgesetz, § 11 Rn. 10

bestimmte Stelle zu bewerben.[87] Unerheblich ist die Form, in der die Ausschreibung erfolgt.[88]

Keine Ausschreibung stellt die gezielte Ansprache eines Einzelnen, verbunden mit der Aufforderung zur Bewerbung, dar.[89] Eine solche gezielte Ansprache dürfte im öffentlichen Dienst allerdings allein schon aufgrund von § 82 SGB IX ausscheiden, da die gezielte Ansprache eines Einzelnen wohl nur deshalb erfolgt, weil dieser die Stelle erhalten soll. Dies legt den Verdacht nahe, dass der Arbeitgeber die zu besetzende Stelle nur alibimäßig an die Agentur für Arbeit meldet, ohne den von ihr vorgeschlagenen Schwerbehinderten auch nur den Hauch einer Chance zu geben.[90] Das wäre bereits eine Benachteiligung i. S. d. § 7 I AGG, da hier Bewerber wegen ihrer Behinderung Zugang zum Auswahlverfahren erhalten, ohne eine Chance auf die zu besetzende Stelle zu haben. Ein solches Verhalten erzeugt ein immenses Haftungsrisiko für die Arbeitgeber des öffentlichen Dienstes.[91]

Die Ausschreibung ist dann diskriminierungsfrei vorgenommen, wenn keines der in § 1 AGG genannten Merkmale unzulässiger Weise als Auswahlkriterium eine Rolle spielt.[92]

---

[87] vgl. Schleusener et al, Kommentar zum Allgemeinen Gleichbehandlungsgesetz, § 11 Rn. 13
[88] vgl. Schleusener et al, Kommentar zum Allgemeinen Gleichbehandlungsgesetz, § 11 Rn. 14
[89] vgl. Schleusener et al, Kommentar zum Allgemeinen Gleichbehandlungsgesetz, § 11 Rn. 15
[90] vgl. § 81 I 3 SGB IX
[91] vgl. Schleusener et al, Kommentar zum Allgemeinen Gleichbehandlungsgesetz, § 11 Rn. 17
[92] vgl. Schleusener et al, Kommentar zum Allgemeinen Gleichbehandlungsgesetz, § 11 Rn. 22

3.2.2.2. Vermeidung der Frage nach einer (Schwer-)Behinderung im Vorstellungsgespräch

Grds. gilt: Im Vorstellungsgespräch darf der Arbeitgeber alles fragen, was für die Stelle erforderlich ist, da er hieran ein dienstliches Interesse hat. Auf diese Fragen muss der Bewerber wahrheitsgemäß antworten. Für alle nicht zugelassenen Fragen steht dem Bewerber ein Recht auf Lüge zu.[93]

Hinsichtlich der Frage nach einer bestehenden Schwerbehinderung gilt hierbei, dass diese Frage bisher gestellt werden durfte, da der Arbeitgeber nur so wissen konnte, dass er die Schutzvorschriften aus dem SGB IX zu beachten hat.[94]

Aufgrund des aktuellen Diskriminierungsverbots Behinderter aus dem AGG ist aber davon auszugehen, dass die bisherige Rechtsprechung sich weiter entwickeln wird. Die Frage nach einer Behinderung (und somit auch nach einer Schwerbehinderung) dürfte wohl nur noch relevant sein, wenn diese dazu führt, dass der Bewerber dauerhaft wesentliche Anforderungen des Berufs nicht erfüllen kann.[95]

Im Vorstellungsgespräch sollte statt nach dem Vorliegen einer Schwerbehinderung lieber eine neutrale Frage genutzt werden. Hierfür nachfolgend ein Beispiel: Liegt bei Ihnen eine Beeinträchtigung gesundheitlicher, seelischer oder sonstiger Natur vor, die die Ausübung der geplanten vertraglichen Tätigkeit u. U. unmöglich macht?[96]

Das Bundesarbeitsgericht hat inzwischen auch in einem Urteil einen neuen Weg eingeschlagen. Das Gericht geht hier davon aus, dass die Frage nach einer Schwerbehinderung zugelassen ist, wenn das Arbeitsverhältnis mind.

---

[93] vgl. Richter et al, Das Recht der Personalauswahl im öffentlichen und kirchlichen Dienst, Seite 134 f

[94] vgl. Richter et al, Das Recht der Personalauswahl im öffentlichen und kirchlichen Dienst, Seite 138

[95] vgl. Schleusener et al, Kommentar zum Allgemeinen Gleichbehandlungsgesetz, § 11 Rn. 82

[96] vgl. Die Seite für die Schwerbehindertenvertretung, Einstellungsgespräch / Zulässige Fragen

sechs Monate besteht.[97] Außerdem ist die Frage auch dann zulässig, wenn sie gestellt wird, weil der Arbeitgeber im Rahmen einer Integrationsvereinbarung eine positive Diskriminierung – mit einer bewusst bevorzugten Einstellung von Schwerbehinderten – durchführen möchte.[98]

Der öffentliche Arbeitgeber besitzt ggü. privaten Arbeitgebern kein erweitertes Fragerecht. Überschreitet er das ihm zustehende Fragerecht, so läuft er Gefahr, hierfür haftbar gemacht zu werden.[99]

3.2.2.3. Diskriminierungsfreie Entscheidung und Absage
Wenn der Arbeitgeber darüber entscheidet, wer eine offene Stelle bekommen soll, so darf er diese Entscheidung nur an neutralen Merkmalen festmachen. Daneben dürfen u. U. auch Merkmale des § 1 AGG berücksichtigt werden, wenn diese über die §§ 8 – 10 AGG zulässig sind.

Liegt kein solcher, eine Benachteiligung zulassender, Grund vor, stellt es bereits eine rechtswidrige Diskriminierung dar, wenn der Arbeitgeber bei der Entscheidungsfindung eines der Merkmale des § 1 AGG in diese Entscheidung einfließen lässt. Dies gilt unabhängig davon, ob das Merkmal maßgeblich die Entscheidung beeinflusst oder ob es nur eine untergeordnete Rolle gespielt hat.[100]

Um dieser Tatsache Rechnung zu tragen, sollte der Arbeitgeber idealerweise die Auswahl allein anhand objektiv mess- und überprüfbarer Kriterien festmachen. Subjektive Wahrnehmungen sollten besser keine Rolle spielen. Der Auswahlvorgang sollte aus Beweisgründen bestmöglich dokumentiert werden.[101]

---

[97] vgl. BAG, 6 AZR 553/10, Rn. 11
[98] vgl. Richter et al, Das Recht der Personalauswahl im öffentlichen und kirchlichen Dienst, Seite 138
[99] vgl. ebd.
[100] vgl. Schleusener et al, Kommentar zum Allgemeinen Gleichbehandlungsgesetz, § 11 Rn. 102 f
[101] vgl. Schleusener et al, Kommentar zum Allgemeinen Gleichbehandlungsgesetz, § 11 Rn. 103

Um sich möglichst unangreifbar zu machen, wird Arbeitgebern allgemein empfohlen, ihre Absagen nicht zu begründen. Dies ist schwerbehinderten Bewerbern ggü. u. U. allerdings nicht zulässig. Diese haben gem. § 81 I 9 SGB IX einen Anspruch auf eine begründete Absage.[102] Hierbei ist darauf zu achten, dass in der Absageformulierung nicht zum Ausdruck kommt (oder auch nur zwischen den Zeilen durchscheint), dass der Bewerber aufgrund seiner Behinderung abgelehnt wurde.

Fehlt eine Begründung im Absageschreiben komplett, so kann dies bereits als Indiz auf eine Nichtberücksichtigung aufgrund der Behinderung interpretiert werden.[103] Daneben stellt dies eine Ordnungswidrigkeit dar.[104]

Wegen der besseren Beweisbarkeit sollte die Absage schriftlich erfolgen.[105]

---

[102] vgl. Schleusener et al, Kommentar zum Allgemeinen Gleichbehandlungsgesetz, § 11 Rn. 104
[103] vgl. Haufe, Bewerbungsverfahren: Absage einer Bewerbung / 2 Pflichten des Arbeitgebers und Rechte schwerbehinderter Menschen
[104] vgl. § 156 I Nr. 7 SGB IX
[105] vgl. ebd.

4 Viertes Kapitel

4. Das SGB IX und die speziellen Vorgaben zur Vermeidung einer Diskriminierung aufgrund von Schwerbehinderung

Neben den bereits aus dem AGG geltenden Vorschriften zur Vermeidung einer Diskriminierung aufgrund des Vorliegens einer Behinderung, stellt das SGB IX zusätzliche weiter reichende zu beachtende Anforderungen auf, die eine Diskriminierung von Schwerbehinderten vermeiden und deren Teilhabe am (Berufs-)Leben fördern sollen[106].

Diese Vorgaben sind geregelt in den Kapiteln zwei und drei des 2. Teils des SGB IX. Im ebenfalls dort normierten § 82 SGB IX finden sich neben den für alle Arbeitgeber geltenden Vorschriften noch Spezialvorschriften, die allein durch die öffentlich-rechtlichen Arbeitgeber verpflichtend zu beachten sind.

In diesem Kapitel sollen zunächst die allgemein geltenden Vorschriften näher betrachtet werden, bevor im Anschluss speziell auf den § 82 SGB IX eingegangen wird. Abschließend wird noch die Integrationsvereinbarung vorgestellt. Diese erhält ein eigenes Kapitel, da sie nicht erzwingbar ist und aufgrund individueller Inhalte in dieser Arbeit nicht einheitlich verbindlich für alle Arbeitgeber vorgestellt werden kann.

Zuvor gilt es aber noch festzuhalten, dass sich auf eine Diskriminierung aufgrund der Verletzung einer nachfolgend dargestellten Pflicht nur derjenige berufen kann, dessen Schwerbehinderung (oder Gleichstellung) dem Arbeitgeber auch bekannt gewesen ist. Dies kann bspw. in einem Bewerbungsprozess dadurch geschehen, dass der Schwerbehinderte dies explizit im Anschreiben oder an herausgehobener Stelle im Lebenslauf anbringt.[107]

---

[106] vgl. Mrozynski/Jabben, SGB IX Teil 1, § 1 Rn. 18
[107] vgl. BAG, Rechtssache 8 AZR 759/13, Rn. 35 f

4.1. Allgemein für alle Arbeitgeber geltende Normen

Der Gesetzgeber versucht auf der einen Seite die Einstellungschancen der Schwerbehinderten durch bestimmte Verfahrensvorschriften im Einstellungs- und Auswahlprozess zu verbessern. Daneben übt er allerdings auch noch Zwang zur Beschäftigung von Schwerbehinderten aus. Da manche Vorgaben bezüglich des Auswahlverfahrens davon abhängen, ob die staatlicherseits vorgeschriebene Beschäftigungspflicht ggü. Schwerbehinderten erfüllt ist,[108] soll nun zunächst diese Pflicht dargestellt werden, bevor im Anschluss die Verfahrensvorschriften vorgestellt werden.

4.1.1. Pflicht zur Beschäftigung von Schwerbehinderten

Die Arbeitgeber in Deutschland sind dazu verpflichtet einen Teil (i. d. R. 5 %) ihrer Arbeitsplätze mit Schwerbehinderten zu besetzen, wenn sie monatlich (berechnet auf den Jahresdurchschnitt) mind. 20 Arbeitsplätze zur Verfügung haben.[109] Bei der Ermittlung der Anzahl der Arbeitsplätze ist darauf zu achten, dass weder Ausbildungsstellen noch Referendarstellen (soweit auf die Einstellung in das Referendariat ein Rechtsanspruch besteht) mit zu berücksichtigen sind.[110]

Eine Ausnahme von der Pflichtarbeitsplatzquote i. H. v. 5 % gilt für die öffentlichen Arbeitgeber des Bundes, soweit sie
- in § 71 III Nr. 1 und Nr. 4 SGB IX genannt sind und
- zum Stichtag (31.10.1999) auf mindestens 6 % ihrer Arbeitsplätze Schwerbehinderte beschäftigten.

Wenn diese Voraussetzungen zutreffen, haben sie auch heute noch eine Quote von 6 % zu erfüllen.[111]

Für die Berechnung der Beschäftigungspflichtquote gilt folgende Formel:[112]

---

[108] vgl. hierzu bspw. § 81 I 7 SGB IX: Erörterungspflicht des Arbeitgebers, wenn Schwerbehindertenvertretung oder ein Personalvertretungsorgan i. S. d. § 93 SGB IX nicht mit der Auswahlentscheidung des Arbeitgebers einverstanden sind.
[109] vgl. § 71 I 1 SGB IX
[110] vgl. § 74 I SGB IX
[111] vgl. § 159 I SGB IX
[112] Besgen, Schwerbehindertenrecht, Rn. 17

„Anrechnungspflichtige Arbeitsplätze (§ 73 SGB IX[113]) x Pflichtanzahl (§ 71 SGB IX) / 100"

Bei der Berechnung der Pflichtarbeitsplätze ist darauf zu achten, dass § 71 I SGB IX unterscheidet zwischen Betrieben mit unterschiedlicher Arbeitsplatzzahl.[114] Daraus folgt, dass mit unterschiedlichen Rundungsregeln im Umgang mit Bruchteilen gearbeitet wird.

Ist das Ergebnis eine Dezimalzahl, so gilt gem. § 74 II SGB IX:
- bei Arbeitgebern mit mind. 60 Arbeitsplätzen im Jahresdurchschnitt wird ab einem Bruchteil i. H. v. 0,5 auf- ansonsten abgerundet.
- bei Arbeitgebern mit weniger als 60 Arbeitsplätzen im Jahresdurchschnitt wird bei Bruchteilen grds. abgerundet.

Für das Erfüllen der Beschäftigungspflichtquote reicht es aus, wenn ein Arbeitgeber mit schwerbehinderten Menschen ein Arbeitsverhältnis begründet hat, unabhängig davon, ob diese dann auch durchgängig arbeiten. Stattdessen zählen auch ruhende Beschäftigungsverhältnisse mit zur Erfüllung der Beschäftigungspflichtquote.[115]

§ 71 I SGB IX verpflichtet die Arbeitgeber nur gegenüber dem Staat zur Beschäftigung von Schwerbehinderten. Folglich besteht für den einzelnen Schwerbehinderten kein Individualanspruch auf Einstellung.[116]

---

[113] Gem. § 73 I SGB IX sind anrechnungsfähig die Stellen von Arbeitnehmern, Beamten und Richtern. Ausgenommen hiervon sind die in den §§ 74 I 1 und 73 II SGB IX aufgeführten Stellen. Auch Teilzeitarbeitsplätze und nur kurzfristig zu besetzende Arbeitsplätze werden nach § 73 III SGB IX ggfs. nicht mit berücksichtigt.

[114] Es gilt, dass Unternehmen mit im Jahresdurchschnitt monatlich mind. 20 aber weniger als 40 Arbeitsplätzen einen Schwerbehinderten zu beschäftigen haben. Unternehmen mit mind. 40 aber weniger als 60 Arbeitsplätzen haben zwei Schwerbehinderte zu beschäftigen. vgl. hierzu § 71 I SGB IX

[115] vgl. Müller-Wenner/Winkler, SGB IX Teil 2, § 71 Rn. 12

[116] vgl. ebd.

Die Wahl, welche Arbeitsplätze mit Schwerbehinderten besetzt werden sollen trifft allein der Arbeitgeber. Er hat jedoch darauf zu achten, dass nach Möglichkeit in sämtlichen Qualifikationsstufen entsprechende Arbeitsplätze zur Verfügung stehen.[117]

Erfüllt ein Arbeitgeber diese Pflicht nicht, so hat er für jeden nicht besetzten Pflichtarbeitsplatz gem. § 77 SGB IX eine entsprechende Ausgleichsabgabe zu zahlen, deren Höhe nach der Unternehmensgröße gestaffelt ist.[118] Die monatliche Pflichtabgabe beläuft sich auf 105,00 € - 260,00 € je unbesetztem Pflichtarbeitsplatz.[119] Eine schuldhafte Nichterfüllung der Beschäftigungspflichtquote kann außerdem noch Bußgelder nach sich ziehen.[120]

4.1.2. Vorschriften für das Stellenbesetzungs- und Kandidatenauswahlverfahren

Mit der eben dargestellten Pflicht zur Beschäftigung von Schwerbehinderten möchte der Gesetzgeber die Chancen dieser Menschen auf dem Arbeitsmarkt verbessern. Diese Pflichtquote allein reicht jedoch nicht aus, um die Schwerbehinderten in Arbeit zu vermitteln.[121] Deshalb hat die Legislative im SGB IX einige Vorschriften niedergelegt, durch die Schwerbehinderten die Teilnahme am Berufs- und Arbeitsleben erleichtert wird.[122] Einige dieser Vorschriften beziehen sich auch auf die Besetzung frei werdender oder neu eingerichteter Stellen. Diese werden nachfolgend erläutert.

4.1.2.1. Prüfung der Stelle auf Eignung zur Besetzung mit Schwerbehinderten

Alle Arbeitgeber sind gesetzlich dazu verpflichtet, zu überprüfen, ob ihre freien Arbeitsplätze durch Schwerbehinderte besetzt werden können, die

---

[117] vgl. Müller-Wenner/Winkler, SGB IX Teil 2, § 71 Rn. 13
[118] vgl. Besgen, Schwerbehindertenrecht, Rn. 21
[119] vgl. § 77 II SGB IX
[120] vgl. Besgen, Schwerbehindertenrecht, Rn. 23
[121] vgl. Müller-Wenner/Winkler, SGB IX Teil 2, § 71 Rn. 1
[122] vgl. Feldes et al, Schwerbehindertenrecht Basiskommentar, § 81 Rn. 1

bei der Bundesagentur für Arbeit arbeitssuchend oder arbeitslos gemeldet sind.[123]

Diese Prüfung haben alle Arbeitgeber eigenständig durchzuführen, ohne dass es hierzu einer gesonderten Aufforderung bedarf.[124] Es ist hierbei völlig irrelevant, ob der Arbeitgeber die Beschäftigungspflichten, die sich aus den §§ 71[125], 72[126] SGB IX ergeben, erfüllt.[127]

Es liegt somit eine zwingende Verfahrensvorschrift vor, die selbst dann zu beachten ist, wenn sich auf die zu besetzende Stelle später kein Schwerbehinderter bewirbt. Die Vorschrift dient allein dem Zweck, schwerbehinderten Menschen dauerhafte Arbeitsplätze zu sichern. Damit diese auch die reale Chance erhalten, eine solche Stelle zu bekommen, ist es unabdingbar, vor der Neubesetzung einer Stelle zu prüfen, ob für diese die Möglichkeit der Besetzung mit einem Schwerbehinderten gegeben ist.[128] Die Geltung dieser Pflicht ist allerdings bei reinen innerbetrieblichen Versetzungen umstritten, da hierzu noch keine Rechtsprechung vorliegt.[129]

Im Zuge dieser Prüfung ist es erforderlich, ein Anforderungsprofil zu erstellen, aus welchem die konkreten Anforderungskriterien für die freie Stelle

---

[123] vgl. § 81 I SGB IX
[124] vgl. Marburger, SGB IX Rehabilitation und Teilhabe behinderter Menschen, Seite 40
[125] Hier ist insbesondere die Beschäftigungspflichtquote für Schwerbehinderte geregelt, vgl. hierzu Besgen, Schwerbehindertenrecht, Seite 27 ff
[126] Hier ist die Beschäftigungspflicht für besondere Gruppen von Schwerbehinderten (bspw. Auszubildenden, Schwerbehinderten, die einer Hilfskraft bedürfen, etc.) geregelt, vgl. hierzu Marburger, SGB IX Rehabilitation und Teilhabe behinderter Menschen, Seite 37
[127] vgl. Müller-Wenner/Winkler, SGB IX Teil 2, § 81 Rn. 4
[128] vgl. Feldes et al, Schwerbehindertenrecht Basiskommentar, § 81 Rn. 2
[129] vgl. Müller-Wenner/Winkler, SGB IX Teil 2, § 81 Rn. 10

hervorgehen. Dadurch wird dem Bewerbungsverfahrensanspruch aller (auch der nur möglichen) Bewerber Rechnung getragen.[130]

Bei der Überprüfung der Geeignetheit einer Stelle für einen Schwerbehinderten sind sowohl der Personalrat (als in § 93 SGB IX genanntes Personalvertretungsorgan[131]) als auch die Schwerbehindertenvertretung zu beteiligen. Das Personalvertretungsorgan ist dabei nur anzuhören, während der Schwerbehindertenvertretung die Beteiligungsrechte aus § 95 II SGB IX zustehen.[132] Dies sind im Einzelnen die Pflichten der Arbeitgeber:
- unverzüglich die Schwerbehindertenvertretung über alle die schwerbehinderten Menschen betreffenden Angelegenheiten umfassend zu informieren,
- vor dem Treffen einer Entscheidung die Schwerbehindertenvertretung anzuhören,
- nach dem Fällen einer Entscheidung die Schwerbehindertenvertretung unverzüglich über diese zu informieren,
- die Umsetzung von getroffenen Entscheidungen auszusetzen und die Beteiligung der Schwerbehindertenvertretung innerhalb von sieben Tagen nachzuholen, wenn diese Beteiligung beim Treffen der Entscheidung noch nicht vorlag, sowie das darauf folgende endgültige Entscheiden über die betroffene Angelegenheit,

und die Rechte der Schwerbehindertenvertretungen auf:
- Beteiligung bei der Durchführung von Verfahren i. S. d. § 81 I SGB IX,
- Beteiligung bei der Bewertung der von der Bundesagentur für Arbeit unterbreiteten Vermittlungsvorschläge,
- Einsichtnahme in die entscheidungsrelevanten Unterlagen der Bewerbungen (nicht nur der Schwerbehinderten),
- Teilnahme an den Vorstellungs- und Auswahlgesprächen.

---

[130] vgl. Richter et al, Das Recht der Personalauswahl im öffentlichen und kirchlichen Dienst, Seite 48
[131] Je nach Dienststelle können statt einem Personalrat auch ein Betriebs-, Richter-, Präsidial- oder Staatsanwaltsrat zu beteiligen sein, vgl. hierzu § 93 SGB IX
[132] vgl. § 81 I 6 SGB IX

Ebenso erforderlich ist eine detaillierte und umfassende Beschreibung des Arbeitsplatzes. Dieser sind im Auswahlprozess sowohl das individuelle Leistungsvermögen, als auch die Fähigkeiten des Behinderten in einer sog. positiven Liste (also der Stärken und Vorzüge) gegenüberzustellen.[133] Anhand dieser Unterlagen kann dann eine individuelle Einzelfallentscheidung über die Geeignetheit der Stelle für einen Behinderten für jeden einzelnen behinderten Bewerber getroffen werden.[134]

Trotz dieser weitreichenden Prüfpflichten obliegt die letztendliche Auswahl eines Bewerbers dem Arbeitgeber. Das Auswahlermessen wird allerdings dahingehend eingeschränkt, dass bei gleicher Bewerberqualifikation der Bewerber, der unter einer Schwerbehinderung leidet, zu bevorzugen ist.[135]

4.1.2.2. Frühzeitige Meldung des Freiwerdens einer Stelle an die Bundesagentur für Arbeit, um Vermittlungsvorschlägen geeigneter schwerbehinderter Kandidaten zu erhalten

Kommt der Arbeitgeber in der Prüfung der Stelle auf Eignung zur Besetzung durch einen Schwerbehinderten zu dem Ergebnis, dass eine solche Besetzung in Betracht kommt, so hat er die Stelle der Agentur für Arbeit zu melden und diese um Vermittlungsvorschläge von geeigneten Kandidaten zu bitten.[136] Da für den Arbeitgeber des öffentlichen Dienstes gem. § 82 S. 1 SGB IX eine spezielle Verpflichtung zur Meldung der zu besetzenden Stellen an die Agenturen für Arbeit besteht, sei bezüglich der Ausführungen zur Meldepflicht auf das Kapitel 4.2.1. verwiesen.

An dieser Stelle soll lediglich erwähnt werden, dass eine reine Stellenbesetzung direkt über Personalberater, Headhunter, etc. oder den regulären Arbeitsmarkt ohne Einschaltung der Bundesagentur für Arbeit nicht möglich ist und bereits einen Gesetzesverstoß gegen § 81 I SGB IX darstellt.[137]

---

[133] vgl. Feldes et al, Schwerbehindertenrecht Basiskommentar, § 81 Rn. 7
[134] vgl. Feldes et al, Schwerbehindertenrecht Basiskommentar, § 81 Rn. 6
[135] vgl. Müller-Wenner/Winkler, SGB IX Teil 2, § 81 Rn. 5
[136] vgl. Besgen, Schwerbehindertenrecht, Rn. 24
[137] vgl. Müller-Glöge et al, Erfurter Kommentar zum Arbeitsrecht, § 81 SGB IX Rn. 2

4.1.2.3. In Kenntnis setzen der Schwerbehindertenvertretung nach Bewerbungseingang und Gewährung des Rechts auf Einsicht in die Bewerbungsunterlagen

Besteht im Betrieb des Arbeitgebers eine Schwerbehindertenvertretung[138], so ist diese unverzüglich nach Eingang der Bewerbung eines Schwerbehinderten über den Bewerbungseingang zu informieren. Gleiches gilt für diejenigen Meldungen Schwerbehinderter, die von der Bundesagentur für Arbeit für die freien Stellen vorgeschlagen wurden.[139]

Die unverzügliche Unterrichtung der Schwerbehindertenvertretung ist dann erfolgt, wenn der Arbeitgeber diese informiert, sobald er selbst erkennen kann, dass der Bewerber schwerbehindert ist.[140] Hierbei reicht es nicht aus, die Bewerbungen erst zu sammeln und später zu sichten. Vielmehr hat der Arbeitgeber alle Bewerbungen direkt nach ihrem Eingang zu prüfen und ggfs. der Schwerbehindertenvertretung mitzuteilen.[141]

Aus der Verpflichtung, die Schwerbehindertenvertretung zu informieren, ergibt sich aus dem Sinn des Gesetzes (nämlich dem der Mitwirkung der Schwerbehindertenvertretung an der Eingliederung der schwerbehinderten Menschen), dass der Schwerbehindertenvertretung auch eigenständige Auskunftsrechte und –ansprüche zustehen. Diese können unabhängig vom Wirken des Betriebsrats (oder im öffentlichen Dienst des Personalrats) ausgeübt werden, weshalb es auch nicht ausreicht, wenn lediglich der Betriebs-/Personalrat über den Eingang der Bewerbung eines Schwerbehinderten informiert wird.[142] Die Auskunftsrechte beschränken sich hier nicht allein auf die relevanten Bewerbungsunterlagen der Schwerbehinderten, sondern umfassen die relevanten Bewerbungsunterlagen aller Bewerber. Nur so ist es dem Schwerbehindertenvertreter möglich, einen Vergleich

---

[138] Eine Schwerbehindertenvertretung kann in einem Betrieb (i. S. d. BetrVG) gewählt werden, wenn dort mind. fünf schwerbehinderte oder ihnen gleichgestellte Arbeitnehmer nicht nur vorübergehend beschäftigt sind. vgl. hierzu § 94 SGB IX
[139] vgl. § 81 I 4 SGB IX
[140] vgl. Feldes et al, Schwerbehindertenrecht Basiskommentar, § 81 Rn. 20
[141] vgl. Müller-Glöge et al, Erfurter Kommentar zum Arbeitsrecht, § 81 SGB IX Rn. 2
[142] vgl. Müller-Wenner/Winkler, SGB IX Teil 2, § 81 Rn. 13

zwischen den nichtbehinderten und den schwerbehinderten Kandidaten vorzunehmen.[143]

Sollte sich eine sehr große Zahl an Bewerbern um die gleiche Stelle bemühen, so muss die Schwerbehindertenvertretung schon bei der Vorauswahl beteiligt werden. Genauer bedeutet dies, dass der Schwerbehindertenvertretung die Möglichkeit gegeben werden muss, eine Stellungnahme zur geplanten Auswahlentscheidung abzugeben. Nach verbindlicher Vorauswahl ist sie über die getroffene Entscheidung zu informieren.[144]

Die Unterrichtungs- und Beteiligungspflicht der Schwerbehindertenvertretung ist selbst dann unabdingbar, wenn sich gleichzeitig sowohl der Amtsinhaber der Schwerbehindertenvertretung, als auch dessen Stellvertreter um eine Stelle bewerben.[145] Sie entfällt lediglich dann, wenn der Schwerbehinderte selbst dies ausdrücklich verlangt.[146]

4.1.2.4. Beteiligung der Schwerbehindertenvertretung am Vorstellungsgespräch

Wenn ein Schwerbehinderter zu einem Vorstellungsgespräch geladen wird, so ist der Schwerbehindertenvertretung die Möglichkeit zur Teilnahme an diesen Auswahlgesprächen zu ermöglichen. Dies ist der Fall, wenn sie rechtzeitig vor der Durchführung des Vorstellungsgesprächs über den entsprechenden Termin in Kenntnis gesetzt wird. Ihre tatsächliche Teilnahme ist aber nicht erforderlich.[147]

Die Notwendigkeit zur Beteiligung der Schwerbehindertenvertretung an den Gesprächen hat gemeinsam mit dem Recht auf Sichtung der entscheidungsrelevanten Bewerbungsunterlagen den Hintergrund, dass sie ihr ermöglichen soll, eine begründete Stellungnahme ggü. dem Arbeiber ab-

---

[143] vgl. BAG, 8 AZR 574/12, Rn. 36
[144] vgl. Müller-Wenner/Winkler, SGB IX Teil 2, § 81 Rn. 15
[145] vgl. BAG, Rechtssache 8 AZR 574/12, Rn. 37
[146] vgl. § 81 I 10 SGB IX
[147] vgl. Müller-Wenner/Winkler, SGB IX Teil 2, § 95 Rn. 44

geben zu können. Dies ist nötig, wenn die Schwerbehindertenvertretung mit der Auswahlentscheidung des Arbeitgebers nicht einverstanden ist. Für diese begründete Stellungnahme bedarf es aber entsprechenden Hintergrundwissens um die entscheidungsrelevanten Tatsachen. Dieses kann sich die Schwerbehindertenvertretung allerdings nur über Wahrnehmung ihrer o. g. Beteiligungsrechte verschaffen.[148]

Die Beteiligungsrechte der Einsicht in die Bewerbungsunterlagen und der Teilnahme am Vorstellungsgespräch gelten in diesem Falle nicht allein für die Unterlagen und Gespräche der schwerbehinderten Bewerber, sondern gegenüber allen Bewerbern. Hintergrund ist, dass die Schwerbehindertenvertretung in der Lage sein muss, die schwerbehinderten Bewerber mit den anderen Kandidaten zu vergleichen.[149]

4.1.2.5. Erörterung der Entscheidung mit Personalvertretung und Schwerbehindertenvertretung unter Anhörung des Betroffenen im Falle der Nichterfüllung der Quote aus § 71 SGB IX und Mitteilung der Entscheidung an die vorstehend Genannten

Sollte die Pflichtquote aus dem § 71 SGB IX bei einem Arbeitgeber nicht erfüllt sein, so muss er, wenn er sich bei der Auswahl für eine Stellenbesetzung gegen einen schwerbehinderten Bewerber entscheidet, diese Entscheidung mit der Schwerbehindertenvertretung, der nach § 93 SGB IX zuständigen Personalvertretung (in den meisten Fällen dem Betriebs-/Personalrat) erörtern, soweit diese Organe mit der ablehnenden Entscheidung nicht einverstanden sind.[150] Hierbei ist auch der schwerbehinderte Bewerber selbst anzuhören.[151]

Diese Erörterungspflicht legt dem Arbeitgeber neben der Mitteilung seiner Entscheidung ebenfalls die Pflicht auf, diese entsprechend zu begründen. Dieses Vorgehen soll den Schwerbehinderten die Möglichkeit geben, die

---

[148] vgl. ebd.
[149] vgl. Feldes et al, Schwerbehindertenrecht Basiskommentar, § 95 Rn. 21
[150] vgl. § 81 I 7 SGB IX
[151] vgl. § 81 I 8 SGB IX

ablehnende Entscheidung gerichtlich überprüfen zu lassen.[152] Es ist hierbei allerdings ausreichend, denjenigen Schwerbehinderten die Gründe für eine Absage zu begründen, die nach der Vorauswahl noch bis zum Vorstellungsgespräch am Auswahlverfahren weiter teilgenommen haben.[153]

Im Rahmen der Erörterung (und auch darüber hinaus in weiteren Angelegenheiten) hat der Arbeitgeber die von der Entscheidung Betroffenen, wie auch die Schwerbehindertenvertretung und das Personalvertretungsorgan unverzüglich zu informieren.[154]

Eine Nichtbegründung gegenüber Schwerbehindertenvertretung und Personalvertretung stellt eine Ordnungswidrigkeit dar, die mit einer Geldbuße von bis zu 10.000 € geahndet werden kann.[155]

Ob aus dieser Informationsverpflichtung aber eine generelle Begründungspflicht für Absagen (insb. ggü. dem abgelehnten schwerbehinderten Bewerber) entsteht, ist in der Literatur umstritten und von der Rechtsprechung noch nicht abschließend geklärt.[156]

Richter et al raten allerdings mit dem Hinweis auf die Rechtsprechung dazu, allgemein eine Begründung in der Absage vorzubringen. Die Rechtsprechung lässt teilweise nur das in der Begründung der Absage Beinhaltete im Rahmen eines Prozesses vom Arbeitgeber zu seiner Entlastung vor-

---

[152] vgl. Müller-Wenner, SGB IX Teil 2, § 81 Rn. 24
[153] vgl. Mohr, Behindertenrecht 2008 Heft 2, Der Diskriminierungsschutz (schwer-)behinderter Arbeitnehmer nach dem AGG und dem SGB IX, V 2. c) Erörterungs- und Benachteiligungspflichten
[154] vgl. § 81 I 9 SGB IX
[155] vgl. § 165 I Nr. 7 i. V. m. II SGB IX
[156] vgl. Richter et al, Das Recht der Personalauswahl im öffentlichen und kirchlichen Dienst, Seite 186 f

bringen.[157] Daher ist eine Begründung aus prozessualen Gesichtspunkten durchaus sinnvoll.

In welcher Form der Arbeitgeber eine Begründung vorbringt ist ihm überlassen.[158] Es empfiehlt sich aus Beweisgründen allerdings die Schriftform.[159]

4.2. Für den öffentlichen Dienst zusätzlich geltende Vorschriften

Neben den bereits umfassenden und weitreichenden Pflichten, die allen Arbeitgebern zum Schutz und zur Förderung der Schwerbehinderten auferlegt wurden, gelten für den öffentlichen Dienst aus § 82 SGB IX noch weitere Spezialvorschriften. Diese werden nachfolgend dargestellt. Neben diesen klärt allerdings § 81 I 5 SGB IX noch, dass im Falle der Bewerbung von schwerbehinderten Richtern auch der Präsidialrat unterrichtet und gehört werden muss, wenn er bei der Ernennung zu beteiligen ist. Da dies in den einzelnen Landesrichtergesetzen geregelt ist,[160] wird auf diese Besonderheit hier nicht näher eingegangen.

4.2.1. Frühzeitige Meldung der zu besetzenden Stellen

Der Arbeitgeber des öffentlichen Dienstes hat alle zu besetzenden Stellen frühzeitig der Bundesagentur für Arbeit anzuzeigen.[161] Dies gilt sowohl für
- freiwerdende Stellen, als auch für
- neu geschaffene Arbeitsplätze.

Hierbei ist völlig irrelevant, ob es sich um Stellen handelt, deren in- oder externe Besetzung geplant ist, da das Gesetz hier keine Unterscheidungen zulässt.[162]

---

[157] vgl. Richter et al, Das Recht der Personalauswahl im öffentlichen und kirchlichen Dienst, Seite 187
[158] vgl. BAG, 9 AZR 643/07, Rn. 80
[159] vgl. Schleusener et al, Kommentar zum Allgemeinen Gleichbehandlungsgesetz, § 11 Rn. 104
[160] vgl. Müller-Wenner, SGB IX Teil 2, § 81 Rn. 17
[161] vgl. § 82 Satz 1 SGB IX
[162] vgl. Müller-Wenner/Winkler, SGB IX Teil 2, § 82 Rn. 2

Anders als für die privaten Arbeitgeber, gilt für den öffentlich-rechtlichen Arbeitgeber, dass er die Stellen bereits frühestmöglich und unter Angabe des vermuteten Personalbedarfs zu melden hat. Der frühestmögliche Zeitpunkt für die Meldung ist dann erreicht, wenn der öffentliche Arbeitgeber mit Sicherheit sagen kann, dass er die Stelle/n zu einem bestimmten Zeitpunkt besetzen kann.[163]

Sinn und Zweck dieser zeitigen Meldung ggü. den Agenturen für Arbeit ist, dass diesen die Möglichkeit gegeben wird, dem öffentlichen Arbeitgeber rechtzeitig Vermittlungsvorschläge für die zu besetzenden Stellen zu unterbreiten.[164]

4.2.2. Ladungspflicht des Schwerbehinderten zum Vorstellungsgespräch

Bewerben sich Schwerbehinderte auf eine zu besetzende Stelle im öffentlichen Dienst oder werden sie von der Bundesagentur für Arbeit für eine solche Stelle vorgeschlagen oder schlägt sie ein Integrationsfachdienst unter Beauftragung durch die Bundesagentur für Arbeit für diese Stelle vor, so sind diese Kandidaten zwingend zu einem Vorstellungsgespräch einzuladen.[165]

Es ist hierbei völlig unerheblich, ob es sich um einen internen oder externen Bewerber handelt und weshalb er sich auf die Stelle beworben hat (ob aus Eigeninitiative oder bspw. aus dem Anraten der Bundesagentur für Arbeit heraus).[166]

In diesem Gespräch soll den Kandidaten die Möglichkeit gegeben werden, den Arbeitgeber – trotz ihrer Behinderung – davon zu überzeugen, dass sie für die Besetzung und Ausübung der freien Stelle geeignet sind.[167] Die Verpflichtung zur Durchführung eines Vorstellungsgesprächs greift sogar soweit, dass auch diejenigen Schwerbehinderten zum Gespräch zu laden

---

[163] vgl. Feldes et al, Schwerbehindertenrecht Basiskommentar, § 82 Rn. 1 f
[164] vgl. Müller-Wenner/Winkler, SGB IX Teil 2, § 82 Rn. 2
[165] vgl. § 82 Satz 2 SGB IX
[166] vgl. Müller-Wenner/Winkler, SGB IX Teil 2, § 82 Rn. 3
[167] vgl. ebd.

sind, aus deren Unterlagen bereits erkennbar ist, dass sie im Vergleich zu anderen Bewerbern deutlich schlechter geeignet sind als diese.[168]

Bei der Ladung zum Vorstellungsgespräch und auch bei seiner Durchführung ist darauf zu achten, dass das Gespräch ergebnisoffen gehalten ist. Andernfalls könnte in einer Mitteilung wie bspw. der, dass das Gespräch und die damit verbundene Bewerbung wenig Aussicht auf Erfolg hat, bereits ein Indiz für eine behinderungsbedingte Diskriminierung zu sehen sein.[169]

Es ist lediglich in zwei Fällen möglich, von der Pflicht zur Ladung zu einem Vorstellungsgespräch und seiner Durchführung abzuweichen.

Erstens ist es entbehrlich, ein Gespräch durchzuführen, wenn eine Bundesbehörde berechtigterweise ihre zu besetzende Stelle nur intern ausgeschrieben hat.[170]

Zweitens kann von dieser Verpflichtung dann abgesehen werden, wenn es dem Schwerbehinderten offenkundig an der zwingend für die Besetzung der Stelle notwendigen fachlichen Eignung ermangelt.[171] Wobei hiervon nur dann ausgegangen werden kann, wenn der Bewerber unter keinem Gesichtspunkt für die Stelle in Betracht kommen kann. Diese Nichteignung liegt bspw. vor, wenn ein zwingend vorgeschriebener Schulabschluss bei einer Bewerbung auf eine Beamtenlaufbahn nicht vorliegt. Wenn hingegen ein Prädikatsexamen verlangt wird und ein schwerbehinderter Bewerber sein Examen nur ausreichend bestanden hat, so fehlt ihm noch nicht die Eignung für die Stelle.[172]

Da in der Praxis häufig nicht ganz klar ist, ob die *„fachliche Eignung offensichtlich fehlt"*[173], ist es empfehlenswert, alle Schwerbehinderten zu einem

---

[168] vgl. Müller-Glöge et al, Erfurter Kommentar zum Arbeitsrecht, § 82 SGB IX Rn. 3
[169] vgl. dpa, Focus, Aussichtslose Bewerbung: Behinderten steht Entschädigung zu
[170] vgl. Feldes et al, Schwerbehindertenrecht Basiskommentar, § 82 Rn. 3
[171] vgl. § 82 Satz 3 SGB IX
[172] vgl. Müller-Wenner/Winkler, SGB IX Teil 2, § 82 Rn. 3
[173] § 82 Satz 3 SGB IX

Vorstellungsgespräch einzuladen, da sich so keiner von ihnen auf eine Benachteiligung wegen Behinderung aufgrund fehlender Gesprächseinladung berufen kann.

4.3. Nicht erzwingbar: Integrationsvereinbarung

Der Arbeitgeber hat eine Integrationsvereinbarung abzuschließen. Diese Vereinbarung wird zwischen ihm, der Schwerbehindertenvertretung und dem Beauftragten des Arbeitgebers, wie auch dem zuständigen Personalvertretungsorgan geschlossen.[174] Diese Verpflichtung trifft alle Arbeitgeber.[175]

Das Ziel dieser Vereinbarung ist es insbesondere, Regelungen aufzustellen, durch die die Eingliederung Schwerbehinderter – und im Zuge dieser auch ihre Einstellung – in den Betrieb und auch die Erreichung der Beschäftigungspflichtquote erreicht werden soll.[176] Sie ist in ihrer Wirkung auf den einzelnen Betrieb beschränkt,[177] und ist ein *„mehrseitige[r] kollektivrechtliche[r] Vertrag eigener Art."*[178] Als solcher stellt sie keine Betriebs-/Dienstvereinbarung dar und ist entsprechend nicht erzwingbar.[179] Es ist allerdings möglich, den Arbeitgeber gerichtlich dazu verpflichten zu lassen, an den Verhandlungen über eine Integrationsvereinbarung mitzuwirken.[180]

Die Integrationsvereinbarung ist allerdings einer Betriebs-/Dienstvereinbarung gleichgestellt.[181] Wenn sie Regelungen über die Eingliede-

---

[174] vgl. § 83 I 1 SGB IX
[175] vgl. Feldes et al, Die Praxis der Schwerbehindertenvertretung von A bis Z, Seite 281
[176] vgl. Feldes et al, Die Praxis der Schwerbehindertenvertretung von A bis Z, Seite 279
[177] vgl. Feldes et al, Schwerbehindertenrecht Basiskommentar, § 83 Rn. 8
[178] Müller-Wenner/Winkler, SGB IX Teil 2, § 83 Rn. 8
[179] vgl. Müller-Wenner/Winkler, SGB IX Teil 2, § 83 Rn. 5
[180] vgl. Müller-Wenner/Winkler, SGB IX Teil 2, § 83 Rn. 4
[181] vgl. Feldes et al, Die Praxis der Schwerbehindertenvertretung von A bis Z, Seite 282

rung enthält, so muss sie verbindlich formuliert und ausgestaltet sein.[182] Individualansprüche einzelner Schwerbehinderter ergeben sich aber nicht aus ihr, da sie lediglich den Arbeitgeber verpflichtet, sich so zu verhalten, dass die in der Integrationsvereinbarung festgelegten Ziele erreicht werden.[183]

Schließt ein Arbeitgeber keine Integrationsvereinbarung ab, da er bspw. hofft, so weniger stark in Anspruch genommen zu werden, wenn es um Maßnahmen zur Förderung der Eingliederung und Beschäftigung von (Schwer-)Behinderten geht, tut er sich nicht zwangsläufig einen Gefallen. So ergeben sich u. U. Probleme aus dem Fehlen einer Integrationsvereinbarung. Exemplarisch seien hier genannt:[184]
- das mögliche Entstehen von Schadensersatzansprüchen aus einer Diskriminierung wegen Behinderung,
- die Gefahr eines Rechtsstreits aus zu geringer/fehlender Beteiligung der Schwerbehindertenvertretung,
- die Verschlechterung der Möglichkeit, personenbedingte Kündigungen wegen Krankheit auszusprechen.

Entsprechend sollten Arbeitgeber sich um den Abschluss einer Integrationsvereinbarung bemühen.

Arbeitgeber des öffentlichen Dienstes finden bspw. ein entsprechendes Muster der Stadt Wolfsburg unter dem Namen *„Dienstvereinbarung Integration der Stadt Wolfsburg"*[185] auf der Homepage von ver.di.

Sollte es zum Abschluss einer Integrationsvereinbarung kommen, so fordert § 83 I 5 SGB IX, dass diese auch der Agentur für Arbeit und dem Integrationsamt zu übermitteln ist.

---

[182] vgl. Feldes et al, Schwerbehindertenrecht Basiskommentar, § 83 Rn. 9
[183] vgl. Müller-Wenner/Winkler, SGB IX Teil 2, § 83 Rn. 8
[184] vgl. Feldes et al, Schwerbehindertenrecht Basiskommentar, § 83 Rn. 14
[185] verd.di, Teilhabepolitik, Integrationsvereinbarungen

5 Fünftes Kapitel

5. Folgen der Verstöße gegen die Pflichten aus dem AGG und dem SGB IX

Werden Vorschriften aus dem AGG oder aus dem SGB IX verletzt, dann treten dadurch unterschiedlichste Rechtsfolgen ein. Diese können sich auf die Beweislast in einem Prozess auswirken, dem benachteiligten behinderten Bewerber unterschiedliche Klagemöglichkeiten einräumen oder auch dazu führen, dass der Personalrat die Zustimmung zu Einstellungen o. Ä. verweigern kann.

5.1. Indizwirkung einer Diskriminierung aufgrund von (Schwer-)Behinderung – Verlagerung der Beweislast nach § 22 AGG auf den Beklagten

Verletzt der Arbeitgeber eine ihm auferlegte Pflicht aus den §§ 81, 82 SGB IX, so wird dies bereits als Indiz für eine Benachteiligung und Diskriminierung aufgrund von Schwerbehinderung gewertet.[186]

Gelingt es einem Bewerber ein solches Indiz zu beweisen, führt dies dazu, dass die Beweislast dafür, dass keine ungerechtfertigte Benachteiligung vorgelegen hat, vollständig auf den Arbeitgeber übergeht.[187]

Diese Vorschrift führt somit eine Beweiserleichterung der Benachteiligungskläger herbei, da diese nun lediglich Indizien, die auf eine ungerechtfertigte Benachteiligung hindeuten, nachweisen müssen, statt einen Vollbeweis hierüber zu erbringen. Ein solches Verteilen der Beweislast ist notwendig, da die Bewerber i. d. R. nicht über genügend Kenntnisse über das

---

[186] vgl. Müller-Glöge et al, Erfurter Kommentar zum Arbeitsrecht, § 81 SGB IX Rn. 4 und § 82 SGB IX Rn. 4

[187] vgl. § 22 AGG

Unternehmen und seine (internen) Vorgänge verfügen, um einen Vollbeweis erbringen zu können.[188]

Es gibt unterschiedliche Ansichten darüber, ob diese Norm in ihrem heutigen Wortlaut eher eine Beweislasterleichterung für die Kläger oder für die Beklagten bewirken sollte. Diese Überlegungen spielen jedoch in der Praxis keine Rolle, da die Rechtsprechung der deutschen Gerichte an der des EuGH zu messen ist. Dieser stellt fest, dass es völlig ausreicht, wenn der Kläger nachweist, dass eine überwiegende Wahrscheinlichkeit für eine Benachteiligung vorliegt, weshalb ein Vollbeweis entbehrlich ist.[189]

Wurde zumindest eine solche überwiegende Wahrscheinlichkeit für eine Benachteiligung nachgewiesen, so hat der Beklagte den Entlastungsbeweis gegen das Vorliegen einer ungerechtfertigten Benachteiligung zu erbringen.[190]

5.1.1. Widerlegung einer vermuteten Benachteiligung durch den Beklagten

Dies ist einerseits möglich, indem er die Vermutung der Benachteiligung aus einem in § 1 AGG genannten Grundes widerlegt. Hierzu hat er den Vollbeweis darüber zu erbringen, dass der vermutete Beweggrund tatbestandlich nicht vorgelegen hat. Dies ist an recht hohe Anforderungen seitens der Gerichte geknüpft. Er muss nachweisen, dass das pönalisierte Merkmal (bei Verstößen gegen die in dieser Arbeit angesprochenen Vorschriften also die Behinderung) bei der Entscheidung gar keine Rolle gespielt hat. Dies wird ohne eine umfangreiche und nachvollziehbare Dokumentation des Bewerberauswahlverfahrens nicht möglich sein.[191]

---

[188] vgl. Müller-Glöge et al, Erfurter Kommentar zum Arbeitsrecht, § 22 AGG Rn. 1
[189] vgl. Schleusener et al, Kommentar zum Allgemeinen Gleichbehandlungsgesetz, § 22 Rn. 41
[190] vgl. Schleusener et al, Kommentar zum Allgemeinen Gleichbehandlungsgesetz, § 22 Rn. 46
[191] vgl. Schleusener et al, Kommentar zum Allgemeinen Gleichbehandlungsgesetz, § 22 Rn. 47

Im Falle eines Rechtsstreits wegen einer Benachteiligung aufgrund von Behinderung kann es möglich sein, dass Gründe für die Benachteiligung nicht nachgeschoben werden dürfen. Das bedeutet, dass keine Argumente für die schlechtere Behandlung vorgebracht werden dürfen, die u. U. bei der tatsächlichen Entscheidung praktisch überhaupt keine Rolle gespielt haben.[192]

5.1.2 Nachweis des Vorliegens eines gesetzlichen Rechtfertigungsgrundes für die Benachteiligung durch den Beklagten

Andererseits ist es auch möglich, die ungerechtfertigte Benachteiligung dadurch aus dem Weg zu räumen, dass ein gesetzlich zulässiger Grund für diese Benachteiligung bewiesen wird. Grds. kämen hier in Betracht die §§ 8 – 10 AGG oder sachliche Gründe zur Rechtfertigung einer mittelbaren Benachteiligung[193],[194].

Bezüglich der Diskriminierung einer schwerbehinderten Person werden die §§ 9, 10 AGG keine Begründung für die Zulässigkeit liefern, da sie sich auf Religion und Weltanschauung bzw. Alter beziehen.

§ 8 I AGG lässt ggfs. eine Benachteiligung zu. *„Eine unterschiedliche Behandlung wegen eines in § 1 genannten Grundes ist zulässig, wenn dieser Grund wegen der Art der auszuübenden Tätigkeit oder der Bedingungen ihrer Ausübung eine wesentliche und entscheidende berufliche Anforderung darstellt, sofern der Zweck rechtmäßig und die Anforderung angemessen ist."*[195]

---

[192] vgl. Schleusener et al, Kommentar zum Allgemeinen Gleichbehandlungsgesetz, § 22 Rn. 48

[193] „Eine mittelbare Benachteiligung liegt vor, wenn dem Anschein nach neutrale Vorschriften, Kriterien oder Verfahren Personen wegen [...ihrer Behinderung...] in besonderer Weise benachteiligen können, [...außer, dies ist...] sachlich gerechtfertigt, [...] angemessen und erforderlich.", § 3 II AGG

[194] vgl. Schleusener et al, Kommentar zum Allgemeinen Gleichbehandlungsgesetz, § 22 Rn. 51

[195] § 8 I AGG

Demnach ist eine schlechtere Behandlung wegen Behinderung gerechtfertigt, wenn die zu besetzende Stelle objektiv nicht mehr durch den benachteiligten Behinderten erbracht werden kann.[196]

Beispiele hierfür können sein:
„Fahrlehrertätigkeit durch blinde Menschen, Geräuschprüfung bei Motorenprüfständen durch gehörlose Menschen, Geruchsprüfung in der Lebensmittel-/Kosmetikindustrie durch Beschäftigte ohne intakten Geruchssinn."[197]

Liegt eine solche objektiv erkennbare Unfähigkeit zur Erbringung der Arbeitsleistung vor, so handelt es sich bei einer Ablehnung nicht um eine ungerechtfertigte Benachteiligung wegen Behinderung. Entsprechend kann der Arbeitgeber bei Nachweis dieser Unfähigkeit des Bewerbers beweisen, dass er mit gesetzlicher Rechtfertigung den Bewerber schlechter gestellt hat und folglich deshalb nicht auf Schadensersatz o. Ä. in Anspruch genommen werden kann.[198]

5.2. Möglichkeiten des bestgeeigneten (schwer-)behinderten Bewerbers

Die Gesetze räumen den behinderten Bewerbern unterschiedliche Klagemöglichkeiten ein, um sich gegen eine Diskriminierung in einem Stellenbesetzungsverfahren zu wehren. Welche dies im Einzelnen sind, hängt vor allem davon ab, ob der benachteiligte behinderte Bewerber der am besten auf die Stelle geeignete war oder nicht. Um dieser Unterscheidung Rechnung zu tragen, sollen in diesem Kapitel zunächst die Möglichkeiten des behinderten Bewerbers, der insgesamt der Bestgeeignete ist, dargestellt werden. Anschließend werden im Kapitel 5.3. die Möglichkeiten aller anderen benachteiligten behinderten Bewerber besprochen.

---

[196] vgl. Feldes et al, Schwerbehindertenrecht Basiskommentar, § 81 Rn. 31
[197] ebd.
[198] vgl. § 15 I AGG

5.2.1. Konkurrentenklage um Einstellung bzw. Wiederholung des Auswahlvorgangs

Die Konkurrentenklage steht in keinem direkten Zusammenhang zur Behinderung. Dennoch stellt sie für den bestgeeigneten Bewerber, auch wenn dieser behindert oder schwerbehindert ist, im Falle seiner Ablehnung eine Möglichkeit dar, sich gegen die für ihn negative Auswahlentscheidung zu wehren. Daher soll sie hier entsprechend ihre Darstellung finden.

Generell gilt der Grundsatz, dass ein zu Unrecht (bspw. aufgrund eines in § 1 AGG genannten Merkmals) benachteiligter und deshalb abgelehnter Bewerber zwar Schadensersatz aber nicht die Einstellung auf die erhoffte Stelle einklagen kann. Diese Regel ist absolut wirksam und umfasst sowohl die Fälle, in denen der abgelehnte Bewerber die Stelle bei diskriminierungsfreier Auswahl bekommen hätte, als auch die, in denen er sie nicht bekommen hätte.[199]

Abweichend hiervon gibt es i. R. d. Bewerbungsverfahrens des öffentlichen Dienstes eine Ausnahme. Diese ist aus dem zwingend zu beachtenden Prinzip der Bestenauslese aus Art. 33 II GG abzuleiten. Denn dieses fordert (wie bereits im Kapitel 2.1. dargestellt), dass die Stellen des öffentlichen Dienstes zum Wohle des allgemeinen Interesses mit den bestgeeigneten Kandidaten zu besetzen sind. Daneben ist es auch ein grundrechtsgleiches Recht, dass jedem Deutschen einen individuellen Anspruch darauf gibt, dass seine Bewerbung rechtsfehlerfrei in die Bewerberauswahl einbezogen und während der Durchführung dieses Auswahlprozesses ordnungsgemäß behandelt und bearbeitet wird. Dabei sind allein die Auswahlkriterien (die ebenfalls im Kapitel 2.1. besprochenen wurden) zu beachten.[200]

Da die Ablehnung des bestgeeigneten Kandidaten in dessen Rechte eingreift, muss gewährleistet sein, dass er von einem wirkungsvollen Rechtsschutz Gebrauch machen kann. Entsprechend hat er, wenn die Stelle noch nicht besetzt ist, einen Einstellungsanspruch aus Art. 33 II GG, wenn alle

---

[199] vgl. § 15 AGG
[200] vgl. Richter et al, Das Recht der Personalauswahl im öffentlichen und kirchlichen Dienst, Seite 217

anderen erkennbar schlechter geeignet sind. Ist nicht erkennbar, dass dies der Fall ist, so hat er zumindest einen Anspruch auf eine neue fehlerfreie Auswahlentscheidung.[201]

Bei der Wiederholung der Auswahlentscheidung darf der Arbeitgeber des öffentlichen Dienstes diejenigen Fehler nicht wiederholen, die das Gericht erkannt hat. Dies gilt auch ohne das Vorliegen einer entsprechenden Norm.[202]

Der hier garantierte Anspruch auf ein ordnungsgemäßes Bewerbungsverfahren besteht nur solange, wie die umstrittene Stelle nicht dadurch endgültig besetzt wurde, dass ein Beamter für diese Stelle ernannt wurde oder ein Arbeitnehmer eine gesicherte Rechtsposition an der Stelle durch den Arbeitgeber eingeräumt bekommen hat.[203]

Um dem abgewiesenen Bewerber die Chance zu geben, seine Rechte wahrzunehmen, hat der Arbeitgeber ihn rechtzeitig zu informieren. Das bedeutet, dass eine Mitteilung an ihn erfolgen muss, solange die Ernennung eines Konkurrenten noch nur bevorsteht und die ihm dadurch entstehende Frist noch ausreicht, Rechtsschutz zu suchen.[204]

Sollte die Ernennung des Konkurrenten bereits innerhalb von drei Monaten nach dem Zugang der Absage zu erwarten sein, ist dringend anzuraten, beim Arbeitsgericht auf den Erlass einer einstweiligen Verfügung hinzuwirken, die dem Arbeitgeber die Ernennung des Konkurrenten untersagt.[205] Die Anforderungen in einem solchen Eilverfahren sind vergleichsweise

---

[201] vgl. Jarass/Pieroth, Grundgesetz für die Bundesrepublik Deutschland Kommentar, Art. 33 Rn. 19
[202] vgl. Groeger et al, Arbeitsrecht im öffentlichen Dienst, Hauck-Scholz, Teil 2 Rn. 47
[203] vgl. Groeger et al, Arbeitsrecht im öffentlichen Dienst, Hauck-Scholz, Teil 2 Rn. 48
[204] vgl. Jarass/Pieroth, Grundgesetz für die Bundesrepublik Deutschland Kommentar, Art. 33 Rn. 19
[205] vgl. Richter et al, Das Recht der Personalauswahl im öffentlichen und kirchlichen Dienst, Seite 217

niedrig angesetzt, da nur so die Wahrnehmung des Rechtsschutzes für den Betroffenen wirkungsvoll ist.[206]

Ist die Stelle schon in der Form besetzt, dass eine anderweitige Vergabe an den eigentlich bestgeeigneten Bewerber ausscheidet, so steht ihm ebenfalls aus Art. 33 II GG ein Schadensersatzanspruch zu.[207]

Dieser wird jedoch nur dann gewährt, wenn es dem abgelehnten Bewerber nachzuweisen gelingt, dass er an Stelle des erfolgreichen Kandidaten die Stelle hätte erhalten müssen. Dies ist nur möglich, wenn der Arbeitgeber bei der Auswahl des Kandidaten in seinem Auswahlermessen so weit eingeschränkt war, dass er eigentlich nur die Wahl hätte auf den abgewiesenen nun klagenden Bewerber fallen lassen müssen. Das muss der Kläger in einem solchen Verfahren nachweisen, indem er darlegt, dass er der tatsächlich bestgeeignete Kandidat war. Wenn ihm dies gelingt, obliegt es dem Arbeitgeber, diesem Nachweis zu widersprechen.[208]

5.2.2. Schadensersatzklage wegen Diskriminierung in unbegrenzter Höhe

Neben dem Anspruch auf Schadensersatz aus § 33 II GG hat der bestgeeignete behinderte Bewerber im Falle einer unzulässigen Diskriminierung wegen seiner Behinderung auch noch die Möglichkeit wegen dieser Benachteiligung aus § 15 I AGG Schadensersatz zu verlangen.[209]

Dieser Schadensersatzanspruch deckt den materiellen Schaden ab und umfasst auch den entgangenen Gewinn. Das Vorliegen eines solchen materiellen Schadens hat der abgelehnte Bewerber zu beweisen. Um also den nicht erhaltenen Verdienst geltend machen zu können, muss er den Beweis dafür erbringen, dass er der am besten geeignete Kandidat war und

---

[206] vgl. Jarass/Pieroth, Grundgesetz für die Bundesrepublik Deutschland Kommentar, Art. 33 Rn. 19

[207] vgl. Groeger et al, Arbeitsrecht im öffentlichen Dienst, Hauck-Scholz, Teil 2 Rn. 73

[208] vgl. Richter et al, Das Recht der Personalauswahl im öffentlichen und kirchlichen Dienst, Seite 220 f

[209] vgl. Schleusener et al, Kommentar zum Allgemeinen Gleichbehandlungsgesetz, § 15 Rn. 17

lediglich aufgrund einer unzulässigen Benachteiligung nicht eingestellt wurde.[210]

Da § 15 AGG die Ersatzpflicht des materiellen Schadens nicht begrenzt, besteht theoretisch die Möglichkeit, das entgangene Entgelt bis zum Eintritt in den Ruhestand zu verlangen. Hierbei ist allerdings anzurechnen, was der Arbeitnehmer durch eigene Arbeit an Einkommen erzielt oder zu erzielen böswillig unterlässt. Die Beweislast hierfür liegt beim Arbeitgeber.[211]

Eine unbegrenzte Schadensersatzforderung wird allerdings in der Literatur auch teilweise als zu weitreichend abgelehnt.[212]

5.3. Schadensersatzklage wegen Diskriminierung aufgrund Behinderung für alle anderen Bewerber

§ 15 II AGG legt explizit fest, dass ein Schadensersatzanspruch auch dann gefordert werden kann, wenn eine Einstellung des zu Unrecht diskriminierten Bewerbers auch bei benachteiligungsfreier Kandidatenauswahl nicht erfolgt wäre. In diesen Fällen ist der Schadensersatz in seiner Höhe auf max. drei volle Monatsgehälter der zu vergebenden Stelle begrenzt. Er soll einen Schaden ausgleichen, der kein Vermögensschaden ist.

Um den Ersatz eines Schadens fordern zu können, muss der Fordernde eines in § 1 AGG genannten Merkmals wegen diskriminiert worden sein.[213] Entsprechend können Behinderte, die aufgrund ihrer Behinderung nicht eingestellt wurden über diese Norm einen Schadensersatz fordern. Dies gilt jedoch nur, wenn die Diskriminierung sich nicht durch eine Sondervorschrift (im Falle der Behinderung z. B. § 8 AGG) rechtfertigen lässt.[214] Eine

---

[210] vgl. Müller-Glöge et al, Erfurter Kommentar zum Arbeitsrecht, § 15 AGG Rn. 3
[211] vgl. ebd.
[212] vgl. Schleusener et al, Kommentar zum Allgemeinen Gleichbehandlungsgesetz, § 15 Rn. 17 – 22
[213] vgl. Müller-Glöge et al, Erfurter Kommentar zum Arbeitsrecht, § 15 AGG Rn. 7
[214] vgl. Schleusener et al, Kommentar zum Allgemeinen Gleichbehandlungsgesetz, § 15 Rn. 29

solche Benachteiligung stellt eine Verletzung des Persönlichkeitsrechts dar, weshalb ein Schaden immaterieller Natur vermutet wird.[215]

Der Schadensersatz steht behinderten Menschen nicht nur dann zu, wenn ihre Bewerbung aufgrund ihrer Behinderung nicht berücksichtigt wird. Vielmehr ist es völlig ausreichend, wenn sich ihre Ablehnung auf ein Motivbündel stützt, in welchem auch die Behinderung vorkommt.[216]

Damit der Anspruch überhaupt entstehen kann, muss der Bewerber die Anforderungen, die für die zu besetzende Stelle mind. gefordert werden, annähernd erfüllen. Andernfalls wäre er objektiv ungeeignet, was dazu führen würde, dass er sich subjektiv nicht ernsthaft um den zu besetzenden Arbeitsplatz beworben hätte.[217]

Weitere Kriterien, deren Vorliegen die subjektive Ernsthaftigkeit fehlen lassen sind bspw. viel zu hohe in der Bewerbung erwähnte Lohn-/Gehaltsforderungen, das reine Bewerben auf Stellen mit fehlerhafter Ausschreibung oder eine Qualifikation, die erkennbar über oder unter den Anforderungen der Stelle liegt.[218]

Bei schwerbehinderten Bewerbern um eine unbesetzte Stelle im öffentlichen Dienst haben die Arbeitgeber eine geringere Möglichkeit sich auf das Fehlen der subjektiven Ernsthaftigkeit zu berufen, wenn die Mindestanforderungen nicht erfüllt werden. Dies folgt aus § 82 SGB IX. Dieser besagt, dass alle Schwerbehinderten zu einem Vorstellungsgespräch eingeladen werden müssen, wenn sie nicht objektiv erkennbar nicht einmal die zwingend vorgeschriebenen Mindestanforderungen erfüllen. (siehe auch Kapitel 4.2.2.)

---

[215] vgl. Müller-Glöge et al, Erfurter Kommentar zum Arbeitsrecht, § 15 AGG Rn. 7
[216] vgl. Schleusener et al, Kommentar zum Allgemeinen Gleichbehandlungsgesetz, § 15 Rn. 32
[217] vgl. Müller-Glöge et al, Erfurter Kommentar zum Arbeitsrecht, § 15 AGG Rn. 12
[218] vgl. Schleusener et al, Kommentar zum Allgemeinen Gleichbehandlungsgesetz, § 15 Rn. 38 f

Fraglich ist, gegen wen sich dieser Schadensersatzanspruch richtet, da die Norm selbst keinen Anspruchsgegner benennt.[219] Einerseits wird hier die Auffassung vertreten, dass er sich gegen den Arbeitgeber und diejenigen, derer er sich bedient, richtet.[220] Andererseits wird auch betont, dass nur der Arbeitgeber allein als Anspruchsgegner gewünscht sein kann, da allein dieser Gegner der sonstigen sich aus § 15 AGG ergebenden Ansprüche ist.[221]

Der Schadensersatzanspruch aus § 15 II AGG besteht unabhängig von einem Verschulden.[222] Das Vorliegen von Vorsatz oder Fahrlässigkeit ist daher obsolet.

In seiner Höhe ist er auf max. drei Monatsgehälter (der zu besetzenden Stelle) beschränkt. Er hat hierbei angemessen zu sein.[223] Bei der Festsetzung der Höhe haben die Gerichte darauf zu achten, dass der Betrag kein rein symbolischer ist, da ein solcher einer Abschreckungswirkung für die Zukunft entbehren würde.[224] Gleichzeitig ist bei der Festsetzung aber auch zu berücksichtigen, was das schadensersatzpflichtige Unternehmen in finanzieller Hinsicht zu leisten im Stande ist und wie es gegen die Vorgaben des AGG verstoßen hat.

5.4. Recht auf Zustimmungsverweigerung zur Besetzung der Stelle durch den Personalrat

Eine vakante Stelle kann durch einen extern neu Eingestellten besetzt werden. Dieser ist in den Betrieb (der Stelle) einzugliedern, wenn er dort

---

[219] vgl. § 15 II AGG
[220] vgl. Müller-Glöge et al, Erfurter Kommentar zum Arbeitsrecht, § 15 AGG Rn. 6
[221] vgl. Schleusener et al, Kommentar zum Allgemeinen Gleichbehandlungsgesetz, § 15 Rn. 28
[222] vgl. Schleusener et al, Kommentar zum Allgemeinen Gleichbehandlungsgesetz, § 15 Rn. 40
[223] vgl. § 15 II AGG
[224] vgl. Schleusener et al, Kommentar zum Allgemeinen Gleichbehandlungsgesetz, § 15 Rn. 52

mitarbeiten möchte. Dieser Vorgang stellt eine Einstellung dar.[225] Diese setzt gem. § 75 I Nr. 1 BPersVG die Zustimmung des Personalrats voraus.

Die Vakanz einer Stelle im öffentlichen Dienst kann alternativ auch dadurch beendet werden, dass Arbeitnehmer durch Höhergruppierung, Rückgruppierung, Versetzung oder Abordnung auf diese Stellen gesetzt werden. Auch dies erfordert die Zustimmung des Personalrats[226].[227]

Diese Zustimmung kann der Personalrat verweigern, wenn der Arbeitgeber bei der Durchführung dieser Maßnahme gegen ein Gesetz verstößt.[228]

Wird im Zuge des Auswahlverfahrens ein Bewerber wegen seiner Behinderung oder gar wegen seiner Schwerbehinderung entgegen der Vorschriften aus Art. 3 III 2 GG, des AGG oder des SGB IX benachteiligt, so verstößt die personelle Einzelmaßnahme einer Einstellung eines Externen oder der Höher-, Rückgruppierung, Abordnung oder Versetzung eines Internen auf die umkämpfte Stelle gegen gesetzliche Diskriminierungsverbote. Folglich ist der Personalrat berechtigt, die Zustimmung zu dieser Maßnahme zu verweigern. Gleiches gilt, wenn der Arbeitgeber die Schwerbehindertenvertretung nicht beteiligt hat oder eine Prüfung der Stelle auf Besetzbarkeit mit einem Schwerbehinderten unterlassen hat.[229] Können die Maßnahmen durch den Arbeitgeber nicht umgesetzt werden, weil die Zustimmung des Personalrats fehlt, so bleibt die Stelle zunächst unbesetzt.

---

[225] vgl. Müller-Glöge et al, Erfurter Kommentar zum Arbeitsrecht, § 99 BetrVG Rn. 4
[226] oder des zuständigen Personalvertretungsorgans
[227] vgl. bspw. § 75 I Nr. 2 – 4 BPersVG
[228] vgl. § 75 II Nr. 1 BPersVG
[229] vgl. Feldes et al, Die Praxis der Schwerbehindertenvertretung, Seite 182 f

6 Sechstes Kapitel

6. Rolle der Vertretungsorgane bei der Stellenbesetzung

Zwar normieren die Gesetze weitreichende Pflichten an die Arbeitgeber und räumen auch bestimmten Vertretungsorganen teils weitreichende Mitwirkungsrechte und Möglichkeiten ein, dennoch ist die Diskriminierung Behinderter im Einstellungsverfahren des öffentlichen Dienstes nicht allein dadurch gebannt. Stattdessen hängt deren fehlerfreie Berücksichtigung im Auswahlverfahren noch sehr stark davon ab, dass auch die entsprechend zu beteiligenden Organe ihre Aufgabe verantwortungsvoll wahrnehmen.

Aus diesem Grund sollen an dieser Stelle die Schwerbehindertenvertretung, das Personalvertretungsorgan und auch der Beauftragte des Arbeitgebers vorgestellt werden.

6.1. Die Schwerbehindertenvertretung

In Bezug auf die Wahrung der Rechte von Schwerbehinderten i. R. d. Einstellungs- und Stellenbesetzungsverfahrens kommt der Schwerbehindertenvertretung eine große Bedeutung zu.

So hängt viel vom persönlichen Einsatz des jeweiligen Vertreters der Schwerbehinderten ab. Dies wird bspw. bereits daran deutlich, dass die Schwerbehindertenvertretung u. A.:[230]
- ein Initiative- und Mitverhandlungsrecht für eine Integrationsvereinbarung eingeräumt bekommt.
- ein Initiativerecht zur Förderung der Eingliederung schwerbehinderter Beschäftigter besitzt.

---

[230] vgl. Die Seite für die Schwerbehindertenvertretung, Übersicht der Rechte und Pflichten nach dem SGB IX

- vom Arbeitgeber angehört werden muss, bevor dieser eine Entscheidung trifft, die einen einzelnen Schwerbehinderten (oder auch eine Gruppe Schwerbehinderter) betrifft.
- ein Teilnahmerecht bei Vorstellungsgesprächen ausüben kann.

Daneben steht der Schwerbehindertenvertretung auch das Recht zu, Maßnahmen, die Entscheidungen des Arbeitgebers umsetzen sollen, für max. sieben Tage auszusetzen. Dies gilt immer, wenn der Arbeitgeber die Beteiligungsrechte der Schwerbehindertenvertretung nicht beachtet oder diese nicht unverzüglich über getroffene Entscheidungen in Kenntnis gesetzt hat.[231]

Im Falle der noch auf Vollziehung wartenden Entscheidung bedeutet dies, dass die Entscheidung schwebend unwirksam ist und die Beteiligung der Schwerbehindertenvertretung innerhalb von sieben Tagen nachzuholen ist. Im Anschluss an die Nachholung dieser Beteiligung ist erneut eine Entscheidung zu treffen, die dann wirksam ist.[232]

Im Falle der bereits vollzogenen Entscheidung gilt, dass diese auch ohne die fehlende Beteiligung wirksam ist.[233]

I. R. d. Einstellungs- und Personalauswahlverfahrens obliegt es weitestgehend der Schwerbehindertenvertretung, wie weit sie ihre Rechte geltend macht.

Reicht es der Schwerbehindertenvertretung, dass der Arbeitgeber ihr ihre Rechte zugesteht, ohne dass sie sie ausübt, dann wird wohl kaum jemand darauf achten, dass die Schwerbehinderten ordnungsgemäß berücksichtigt werden.

---

[231] vgl. § 95 II 1, 2 SGB IX
[232] vgl. Müller-Wenner/Winkler, SGB IX Teil 2, § 95 Rn. 46 f
[233] vgl. Müller-Wenner/Winkler, SGB IX Teil 2, § 95 Rn. 49

Gleiches gilt für den Fall, in dem die Schwerbehindertenvertretung sich nicht traut, ihre Rechte dem Arbeitgeber ggü. geltend zu machen, falls dieser ihre Rechte überhaupt nicht beachtet.

Engagiert sich eine Schwerbehindertenvertretung hingegen sehr stark in ihrem Ehrenamt[234] und nimmt entsprechend ihre Rechte intensiv wahr, so haben die Schwerbehinderten eine große Chance auf ein diskriminierungsfreies Auswahlverfahren. Dies gilt insbesondere dann, wenn sie auch von dem Schulungsanspruch Gebrauch macht,[235] um sich bezüglich ihrer Rechte, Pflichten und Aufgaben stets auf dem Laufenden zu halten, da ein großes Fachwissen im Arbeits- und Schwerbehindertenrecht notwendig ist, um diese Aufgabe adäquat auszuüben.[236]

6.2. Das Personalvertretungsorgan

Ähnlich groß wie der Einfluss der Schwerbehindertenvertretung ist der Einfluss des Personalvertretungsorgans. Dieses kann gem. § 93 SGB IX ein „Betriebs-, Personal-, Richter-, Staatsanwalts- [oder] Präsidialrat" sein.

Da auch der Personalrat[237] bei der Stellenbesetzung und Personalauswahl zu beteiligen ist,[238] kommt ihm eine zentrale Rolle bei der Durchführung eines von ungerechtfertigten Benachteiligungen freien Auswahlverfahrens zu.

Auch er kann den Arbeitgeber entsprechend dazu motivieren, das Verfahren diskriminierungsfrei durchzuführen, wenn er bspw. bei gegen das AGG oder SGB IX verstoßenden Auswahlverfahren dem Arbeitgeber ggü. die Einstellung des ausgewählten Bewerbers verweigert, indem er die Zustim-

---

[234] vgl. § 96 I SGB IX
[235] vgl. § 96 IV 3 SGB IX
[236] vgl. ZB 3/2010 Schwerbehindertenvertretung, Eine starke Stimme im Betrieb
[237] Hier stellvertretend auch für die anderen Gremien des § 93 SGB IX exemplarisch genannt.
[238] vgl. bspw. § 75 BPersVG, § 81 I SGB IX

mung zu dessen Eingliederung in den Betrieb nicht erteilt.[239] Daneben besitzt er weiter auch die Möglichkeit, bei den Verhandlungen über eine Integrationsvereinbarung teilzunehmen und in diesem Rahmen auch Entsprechende Vorschläge zu machen.[240]

Entsprechend gilt für den Personalrat, was auch schon für die Schwerbehindertenvertretung gesagt wurde. Für den Diskriminierungsschutz der behinderten und schwerbehinderten Bewerber ist es zwingend notwendig, dass der Personalrat sich traut, seine Rechte ggü. dem Arbeitgeber auszuschöpfen und nicht einfach um des lieben Friedens willen in allen Belangen vorbehaltlos zustimmt.

6.3. Der Beauftragte des Arbeitgebers
Arbeitgeber haben einen Beauftragten zu bestellen, der sie als Arbeitgeber ggü. Schwerbehinderten verantwortlich vertritt.[241] Diese Verpflichtung setzt logischerweise nur ein, wenn im Betrieb des Arbeitgebers ein Schwerbehinderter beschäftigt wird.[242] Regelmäßig kann dieses Amt nicht der Arbeitgeber selbst ausüben. Ausnahmen liegen bspw. bei kleinen Betrieben mit einer geringen Beschäftigungspflichtquote nach § 71 SGB IX vor.[243] Dieses Problem stellt sich den Arbeitgebern des öffentlichen Dienstes nicht, da sie als juristische Person nie selbst diese Funktion des Beauftragten wahrnehmen können, sondern vielmehr einer natürlichen Person bedürfen, die dieses Amt ausübt.[244] Der Beauftragte des Arbeitgebers soll idealerweise selbst von Schwerbehinderung betroffen sein.[245] Dies scheint schon allein deshalb sinnvoll, weil ein solcher Beauftragter selbst die Belange von schwerbehinderten Arbeitnehmern besser kennen und nachvollziehen und daher auch in seine Arbeit einfließen lassen kann als ein Nichtbehinder-

---

[239] vgl. § 75 I Nr. 1 BPersVG, § 77 II Nr. 1 BPersVG
[240] vgl. § 83 I 1 SGB IX
[241] vgl. § 98 Satz 1 SGB IX
[242] vgl. Feldes et al, Schwerbehindertenrecht Basiskommentar, § 98 Rn. 1
[243] vgl. Feldes et al, Die Praxis der Schwerbehindertenvertretung von A bis Z, Seite 92
[244] vgl. Groeger et al, Arbeitsrecht im öffentlichen Dienst, Weber, Teil 1, Rn. 27
[245] vgl. § 98 Satz 2 SGB IX

ter.[246] Grds. bleibt es dem Arbeitgeber aber unbenommen, nach eigenem Gutdünken einen Mitarbeiter per einseitiger Willenserklärung in diese Funktion zu ernennen. Er kann allerdings keinen Mitarbeiter zur Ausübung dieses Amtes verpflichten, wenn dies nicht arbeitsvertraglich vereinbart ist. Die Ernennung eines Beauftragten, der Mitglied einer Interessenvertretung ist, ist eher nicht zu empfehlen, da dies regelmäßig zu Interessenkonflikten führen dürfte.[247] Da der Beauftragte des Arbeitgebers den Arbeitgeber verantwortlich vertritt,[248] ist es anzuraten, dass der Arbeitgeber mit seinem Beauftragten schriftlich eindeutig fixiert, in welchem Ausmaß diese Vertretung erfolgen soll, da Unklarheiten im Zweifel vom Arbeitgeber zu tragen sind.[249]

Zentrale Aufgabe des Beauftragten des Arbeitgebers ist es darüber zu wachen, dass der Arbeitgeber seinen Pflichten aus dem Schwerbehindertenrecht nachkommt.[250] Dies bedeutet im Einzelnen, dass der Beauftragte im Stellenbesetzungs- und Auswahlverfahren auf die folgenden Punkte zu achten hat:[251]

- Erfüllung der Pflichtquote von schwerbehinderten Beschäftigten (§ 71 SGB IX).
- Beschäftigung/Einstellung besonderer Gruppen Schwerbehinderter Menschen (§ 72 SGB IX).
- Durchführung der Prüfung einer freien Stelle, durch den Arbeitgeber und die Schwerbehindertenvertretung, mit dem Ziel der Feststellung der (Nicht-)Eignung einer Stelle zur Besetzung durch einen Schwerbehinderten (§ 81 SGB IX).
- Tatsächliche Erörterung der Bewerbungen und Vermittlungsvorschläge von schwerbehinderten Bewerbern zwischen Arbeitgeber und Schwerbehindertenvertretung (§ 81 SGB IX).

---

[246] vgl. Feldes et al, Schwerbehindertenrecht Basiskommentar, § 98 Rn. 3
[247] vgl. Müller-Wenner/Winkler, SGB IX Teil 2, § 98 Rn. 6
[248] vgl. § 98 Satz 1 SGB IX
[249] vgl. Müller-Wenner/Winkler, SGB IX Teil 2, § 98 Rn. 7
[250] vgl. § 98 Satz 3 SGB IX
[251] vgl. Feldes et al, Schwerbehindertenrecht Basiskommentar, § 98 Rn. 5

Da der Beauftragte des Arbeitgebers vertrauensvoll und eng mit der Schwerbehindertenvertretung und dem zuständigen Personalvertretungsorgan zusammen arbeiten soll,[252] hängt von ihm wesentlich ab, wie weit die Schwerbehindertenvertretung in der Lage ist ungehindert die Durchsetzung und Beachtung der zum Schutz der Schwerbehinderten erlassenen Schutzvorschriften voran zu treiben. Daneben hat auch er selbst maßgeblichen Einfluss darauf, Diskriminierungen Behinderter und Schwerbehinderter im Personalauswahlverfahren zu vermeiden.

---

[252] vgl. § 99 I SGB IX

7 Siebtes Kapitel

7. Probleme aufgrund des Diskriminierungsschutzes (wegen Behinderung) in der Praxis

Vor Einführung des AGG im Jahr 2006 gab es kritische Stimmen, die vor Problemen warnten, die das AGG mit sich bringen könnte. Daher soll es in diesem Kapitel darum gehen, einige dieser vermeintlichen Probleme zu beleuchten.

7.1. Hohe Gefahr des ungewollten Verstoßes gegen eine Vorschrift

Grds. ist es Sache der Arbeitgeber dafür zu sorgen, dass keine Benachteiligungen stattfinden.[253] Bedenkt man, wie viele Vorgaben bezüglich des Stellenbesetzungsverfahrens das AGG und das SGB IX dem öffentlich-rechtlichen Arbeitgeber allein in Hinblick auf das Merkmal der Behinderung auferlegen, so wird bereits klar, dass eine einzelne Vorschrift sehr schnell übersehen und vergessen werden kann.

In dem Nichtbeachten solcher Verfahrensvorschriften wird zumeist ein Indiz für eine unzulässige Diskriminierung aufgrund Behinderung gesehen.[254] Daraus resultieren schnell Haftungsfragen für den Arbeitgeber, unabhängig davon, ob ein Verschulden vorliegt.[255]

Um dieser Gefahr zu begegnen und vorzubeugen, wird den Arbeitgebern dringend empfohlen, sich umfassend mit den für sie geltenden Vorgaben auseinander zu setzen und diese im Stellenbesetzungsverfahren zu beachten. Um dieses Ziel der Umsetzung der Vorgaben aus dem AGG und dem SGB IX speziell durch die Arbeitgeber des öffentlichen Dienstes zu errei-

---

[253] vgl. IHK, Das Allgemeine Gleichbehandlungsgesetz (AGG) im Arbeitsrecht
[254] vgl. Müller-Glöge et al, Erfurter Kommentar zum Arbeitsrecht, § 81 SGB IX Rn. 4 und § 82 SGB IX Rn. 4
[255] vgl. § 15 II AGG

chen, wird in Kapitel 9 dieser Arbeit ein entsprechendes Handlungsschema für die praktische Arbeit vorgestellt.

7.2. Befürchtung hoher Klagezahlen wegen Diskriminierung und Angst vor wirtschaftlichen Schäden

Vor Einführung des AGG gaben nicht wenige Kritiker zu bedenken, dass auf die Arbeitsgerichte wahre Klagewellen einbrechen und auch Unternehmen immense finanzielle Schäden zu zahlen haben würden. Das AGG wurde weiter als „bürokratisches Monster" bezeichnet, mit welchem sich die Unternehmen abzugeben hätten.[256]

So warnte bspw. die INSM davor, dass sich aus dem AGG jährlich reine Bürokratiekosten i. H. v. 1,73 Mrd. € für die deutsche Wirtschaft ergeben würden.[257]

Dies wirft Fragen nach den Tatsächlichen Kosten und auch der Anzahl der eingereichten Klagen auf.

Seit Einführung des Gesetzes im Jahr 2006 wurden bis 2016 in den deutschen Arbeitsgerichten ca. 1.200 Urteile erlassen, die einen Bezug zur Thematik des AGG aufweisen. Das entspricht im Jahresdurchschnitt lediglich 120 Streitigkeiten, die durch Gericht entschieden werden müssen.[258]

Bedenkt man, dass im gleichen Zeitraum ca. 5.500 Anfragen bei der Antidiskriminierungsstelle des Bundes bezüglich der gleichen Thematik eingingen, so führt dies klar vor Augen, dass die befürchtete Klagewelle nicht eingetreten ist.[259] U. A. deswegen, weil nicht alle Benachteiligten bereit sind zu klagen.

---

[256] vgl. o. V., Der Tagesspiegel, Keine Klageflut durch das Allgemeine Gleichbehandlungsgesetz
[257] vgl. o. V., FAZ, Was kostet Gleichbehandlung
[258] vgl. Kaufmann, Spiegel, Zu alt, zu dick, zu klein – das müssen Sie wissen
[259] vgl. ebd.

Ein weiteres Argument dafür, dass diese Befürchtung unbegründet ist, ist die Anzahl der Urteile, die im Jahr 2014 bei den deutschen Arbeitsgerichten erlassen wurden. Insgesamt wurden in diesem Jahr 62.198 Urteile verkündet (28.762 streitige Urteile und 33.436 sonstige Urteile).[260] Vergleicht man nun diese Zahlen mit den durchschnittlich 120 jährlichen Urteilen zum AGG, so sieht man, dass diese Thematik einen verschwindend geringen Anteil an der Gesamtzahl der Streitigkeiten vor den Arbeitsgerichten ausmacht. Dies gilt vor allem, weil die durch Vergleich beendeten Verfahren in der Summe der Urteile nicht enthalten sind.

Auch die Kosten für die mit dem AGG verbundene Bürokratie belaufen sich laut Aussage der Antidiskriminierungsstelle des Bundes nur auf etwa 1,5 % des Betrages, den das INSM errechnet hat.[261]

Insgesamt kann also festgehalten werden, dass weder die Angst vor einem massiven Anstieg der Klagezahlen noch der Bürokratiekosten begründet waren.

7.3. Gefahr des „AGG-Hopping"

Unter einem AGG Hopper wird eine Person verstanden, die sich auf fehlerhafte Stellenanzeigen in der Hoffnung auf Ablehnung bewirbt, um anschließend wegen einer angeblichen Diskriminierung den Arbeitgeber auf Schadensersatz beklagen zu können. Der entsprechende Vorgang wird als AGG-Hopping bezeichnet.[262]

Dieses Verhalten ist generell jedem möglich. Hinsichtlich des Verbots der Diskriminierung aufgrund von Behinderung haben es insbesondere Schwerbehinderte hier aufgrund der Vielzahl an zu beachtenden Förder- und Schutzvorschriften leicht. Sie müssen nur darauf hoffen, dass eine

---

[260] vgl. BMAS, Ergebnisse der Statistik der Arbeitsgerichtsbarkeit
[261] vgl. o. V., FAZ, Was kostet Gleichbehandlung
[262] vgl. Anwaltsregister: Straftat „AGG-Hopping": „AGG-Hopper" bewerben sich gezielt auf Stellenausschreibungen, die gegen das Allgemeine Gleichbehandlungsgesetz verstoßen, um Schadensersatz verlangen zu können

Personalabteilung eine Vorschrift vergisst und versehentlich gegen diese verstößt.[263]

Die Kanzlei Gleiss Lutz in Frankfurt richtete ein AGG-Archiv ein, in welchem sie die Verfahren wegen Diskriminierung gegen die Vorschriften des AGG sammelte. Dieses Verzeichnis musste aus datenschutzrechtlichen Gründen im Jahr 2009 für die Öffentlichkeit geschlossen werden.[264]

In dieser Kartei hatte der Spitzenreiter bis zum Jahr 2013 insgesamt 116 Bewerbungen mit dem Ziel verschickt, nach einer Ablehnung Schadensersatz geltend zu machen. Daneben waren im gleichen Zeitraum weitere 60 Personen mit mindestens drei geltend gemachten Ansprüchen erfasst.[265]

Dies erhärtet den Verdacht, dass es vereinzelt Menschen gibt, die auf Grundlage des AGG ein Geschäftsmodell daraus entwickeln, systematisch Schadensersatzansprüche wegen vermeintlicher Diskriminierungen und Benachteiligungen geltend zu machen.

Entsprechend besteht für Arbeitgeber bei jeder Stellenbesetzung die Gefahr, dass sie von einem Bewerber in Regress genommen werden, wenn sie diesen ablehnen.

Hier gilt es entsprechend vorbeugend das Auswahlverfahren möglichst fehlerfrei durchzuführen und genau zu dokumentieren. Denn nur durch entsprechend stichhaltige Dokumentation kann es später gelingen, vor Gericht zu beweisen, dass eine Diskriminierungsvermutung des Klägers falsch ist.[266]

---

[263] vgl. Diller, FAZ, Scheinbewerber agieren immer dreister
[264] vgl. arbrb, „AGG-Hopper" bleiben AGG-Hopper
[265] vgl. ebd.
[266] vgl. Schleusener et al, Kommentar zum Allgemeinen Gleichbehandlungsgesetz, § 22 Rn. 50

Sollte ein Arbeitgeber in Anspruch genommen werden, so ist zu überlegen, ob er am besten einen Vergleich eingeht, um nicht zu riskieren, zusätzlich die Verfahrenskosten tragen zu müssen. Die eigenen Anwaltskosten hat er sowieso immer selbst zu tragen. Ein Vergleich könnte folglich eine Möglichkeit darstellen, Geld zu sparen.[267]

Ist der Arbeitgeber allerdings davon überzeugt, dass der Arbeitnehmer nie ein ernsthaftes Interesse an der Stelle hatte, sondern vielmehr ein *„berufsmäßiger AGG-Hopper"* ist, dann sollte er eine Klage nicht scheuen. Denn schon im Jahr 2008 wurden AGG-Hopper regelmäßig von Gerichten ohne Entschädigungszahlung nach Hause geschickt. Die Gerichte gehen davon aus, dass an der Stelle kein ernstes Interesse besteht, wenn bspw. keine Zeugnisse mitgeschickt werden.[268] Ist dies der Fall, könnte ein streitiges Verfahren dazu führen, dass der Arbeitgeber Geld spart und der AGG-Hopper durch ein für ihn negatives Urteil von seinem Fehlverhalten geheilt wird.

AGG-Hopper machen sich u. U. auch des Betrugs und der Erpressung strafbar. Betrug, weil die Bewerber sich nur scheinhalber auf die ausgeschriebenen Stellen bewerben ohne diese je antreten zu wollen. Erpressung, weil viele AGG-Hopper auch statt den Arbeitgeber zu beklagen, diesen unter Androhung einer Klage eine Schadensersatzzahlung abfordern.[269]

Aktuell hat das BAG dem EuGH die Frage vorgelegt, ob eine Bewerbung zur bloßen Erreichung eines Bewerberstatus zur Forderung von Scha-

---

[267] vgl. Anwaltsregister: Straftat „AGG-Hopping": „AGG-Hopper" bewerben sich gezielt auf Stellenausschreibungen, die gegen das Allgemeine Gleichbehandlungsgesetz verstoßen, um Schadensersatz verlangen zu können

[268] vgl. Wolf, Handelsblatt, AGG-Hopper scheitern vor Gericht

[269] vgl. Anwaltsregister: Straftat „AGG-Hopping": „AGG-Hopper" bewerben sich gezielt auf Stellenausschreibungen, die gegen das Allgemeine Gleichbehandlungsgesetz verstoßen, um Schadensersatz verlangen zu können

densersatzansprüchen als Rechtsmissbrauch strafbar ist.[270] Eine diesbezügliche Entscheidung steht noch aus.

Die Strafkammer München prüft derzeit außerdem, ob ein Strafverfahren wegen gewerbsmäßigen Betrugs gegen den AGG-Hopper eingeleitet werden kann, wegen dem das BAG die eben benannte Frage dem EuGH vorgelegt hat.[271]

Aktuell kann das AGG-Hopping also noch nicht ausgeschlossen werden. Auch eine effektive Verfolgung ist derzeit noch nicht möglich, da noch zu viele unionsrechtliche Unklarheiten bestehen. Dies verdeutlicht die Relevanz der Beachtung des AGG und im Falle der Schwerbehinderung auch noch des SGB IX. Andernfalls könnten die Arbeitgeber des öffentlichen Dienstes schnell Opfer eines AGG-Hoppers werden.

---

[270] vgl. BAG, 8 AZR 848/13
[271] vgl. FAZ, Bundesarbeitsgericht wehrt sich

8 Achtes Kapitel

8. Darstellung und kritische Würdigung der aktuellen Rechtslage

In diesem Kapitel sollen die Auswirkungen der aktuellen Rechtslage auf die tatsächliche Beschäftigung Schwerbehinderter und ihre Eingliederung in das Berufs- und Arbeitsleben reflektiert werden. Insbesondere liegt das Augenmerk der Ausführungen hierbei auf der Zielerreichung der Teilhabe behinderter Menschen und den Auswirkungen der komplexen Vorschriften auf das Einstellungsverfahren.

8.1. Nicht-Erreichung des Ziels „Förderung der Teilhabe behinderter Menschen" durch strenge und umfassende Vorgaben

Die Vorschriften des SGB IX verfolgen das Ziel, die Teilhabe der Menschen mit Behinderung und derjenigen, die von ihr bedroht sind, an Gesellschaft und Leben zu verbessern.[272]

Dieses Ziel beinhaltet auch den Zugang der Behinderten zum Arbeits- und Erwerbsleben. Deshalb haben sich insbesondere die Normen des zweiten Teils des SGB IX in ihrer derzeitigen Ausprägung am Ziel der Ermöglichung der Teilhabe der Behinderten am Arbeitsleben messen zu lassen.[273]

Ob dieses Ziel durch die aktuellen Normen erreicht wird, soll anhand der beiden Nachfolgenden Aspekte untersucht werden.

8.1.1. Arbeitslosenquote der Schwerbehinderten

Im Jahr 2015 gab es in Deutschland etwa 3,2 Millionen Schwerbehinderte/Gleichgestellte im Alter der Erwerbsfähigen.[274]

---

[272] vgl. § 1 Satz 1 SGB IX
[273] vgl. Mrozynski/Jabben, SGB IX Teil 1, § 1 Rn. 18
[274] vgl. Bundesagentur für Arbeit, Die Arbeitsmarktsituation von schwerbehinderten Menschen, Seite 6

Bis einschließlich 2014 waren allerdings nur 1.014.000 Arbeitsplätze in Deutschland mit Schwerbehinderten besetzt.[275] Die nachfolgende Abbildung 1 macht deutlich, dass der öffentliche Dienst hieran einen maßgeblichen Anteil hat. Beschäftigt er doch immerhin jeden fünften schwerbehinderten Beschäftigten.

Abb. 1: Beschäftigte Schwerbehinderte Menschen nach Wirtschaftszweigen Jahresdurchschnitt 2014[276]

---

[275] vgl. Bundesagentur für Arbeit, Die Arbeitsmarktsituation von schwerbehinderten Menschen, Seite 7

[276] vgl. ebd.

Bedenkt man, dass die Arbeitgeber des öffentlichen Dienstes insgesamt dafür bekannt sind, dass sie die Beschäftigungsquote aus § 71 SGB IX besser erfüllen als die privaten Arbeitgeber,[277] so erscheint es sinnvoll, zu betrachten, wie hier die Relation der Beschäftigen mit Schwerbehinderung zu denen ohne Schwerbehinderung aussieht.

Die Statista ermittelte für das Jahr 2014 eine Gesamtbeschäftigtenzahl des öffentlichen Dienstes von 4.645.500 Personen. (68 % Vollzeit, 32 % Teilzeit).[278] Hiervon machen die Schwerbehinderten einen Anteil von 4,63 % aus. Im Jahr 2006 lag die Erfüllungsquote des öffentlichen Dienstes bei 5,2 %, während die Quote privater Arbeitgeber bei 3,4 % und damit niedriger lag.[279] Im Jahr 2014 lagen die Quoten mit 6,6 % bzw. 4 % (im Gesamtschnitt 4,5 %) bereits höher.[280] Insgesamt lässt sich aber festhalten, dass die Beschäftigtenquote bei weitem nicht erfüllt wird.[281]

Betrachtet man die Qualifikationsprofile der arbeitslosen Schwerbehinderten (Abbildung 2) mit denen der Nicht-Schwerbehinderten (Abbildung 3), so kann festgehalten werden, dass die arbeitslosen Schwerbehinderten besser qualifiziert sind, als die arbeitslosen Nicht-Schwerbehinderten.

---

[277] vgl. Feldes et al, Die Praxis der Schwerbehindertenvertretung von A bis Z, Seite 352

[278] vgl. Statista, Anzahl der Beschäftigten im öffentlichen Dienst in Deutschland von 2003 bis 2015 (in 1.000)

[279] vgl. Feldes et al, Die Praxis der Schwerbehindertenvertretung von A bis Z, Seite 352

[280] vgl. ZB Bayern, 2 2016, Beschäftigungsquote 2014

[281] vgl. Däubler, Arbeitsrecht, Rn. 450

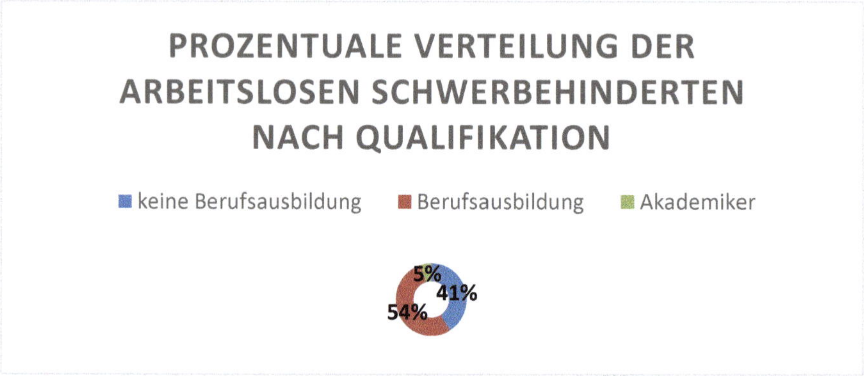

PROZENTUALE VERTEILUNG DER ARBEITSLOSEN SCHWERBEHINDERTEN NACH QUALIFIKATION

■ keine Berufsausbildung   ■ Berufsausbildung   ■ Akademiker

5%
41%
54%

Abb. 2: Prozentuale Verteilung der arbeitslosen Schwerbehinderten nach Qualifikation [282]

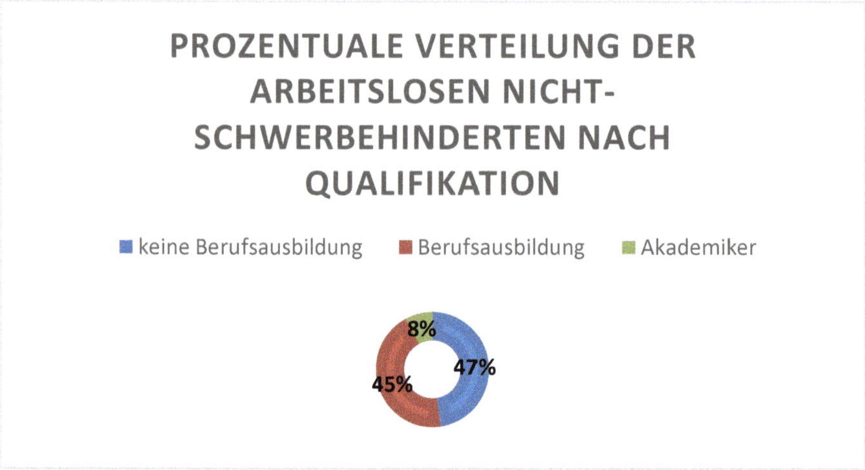

PROZENTUALE VERTEILUNG DER ARBEITSLOSEN NICHT-SCHWERBEHINDERTEN NACH QUALIFIKATION

■ keine Berufsausbildung   ■ Berufsausbildung   ■ Akademiker

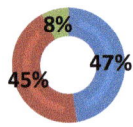

8%
47%
45%

Abb. 3: Prozentuale Verteilung der arbeitslosen Nicht-Schwerbehinderten nach Qualifikation [283]

---

[282] vgl. Bundesagentur für Arbeit, Die Arbeitsmarktsituation von schwerbehinderten Menschen, Seite 10

[283] vgl. ebd.

Dies deckt sich nicht mit der These, dass Schwerbehinderte häufig deswegen nicht beschäftigt werden, weil sie weniger leistungsfähig[284] und schlechter qualifiziert sind.

Auch wird in Befragungen ermittelt, dass Arbeitgebern positiv auffällt, wie leistungsstark und motiviert die schwerbehinderten Mitarbeiter sind.[285] So teilen bspw. 80 % der Chefs von Firmen mit, dass es keinen Unterschied in der Arbeitsleistung von schwerbehinderten und nicht-schwerbehinderten Beschäftigten gibt.[286]

Dennoch waren im Jahr 2015 im Jahresdurchschnitt 179.000 Schwerbehinderte arbeitslos gemeldet. Das entspricht einem Rückgang der Arbeitslosenquote der Schwerbehinderten um 1 % im Vergleich zum Vorjahr. Im gleichen Zeitraum sank die Arbeitslosenquote der Nicht-Schwerbehinderten um 4 %.[287]

Für den Oktober 2015 ermittelte die Bundesagentur für Arbeit für die beiden Gruppen die Arbeitslosenquoten von 13,9 % (Schwerbehinderte) und 6 % (Nicht-Schwerbehinderte).[288]

Betrachtet man die vorstehenden Zahlen, so kann festgehalten werden, dass Schwerbehinderte trotz teilweise höherer Qualifikation als Nicht-Schwerbehinderte häufiger von Arbeitslosigkeit betroffen sind. Der öffentliche Dienst kann hier die Nichterfüllung der Pflichtbeschäftigungsquote durch die privaten Arbeitgeber nicht ausgleichen. Entsprechend verfehlen die aktuellen Schutz- und Fördervorschriften ihr Ziel und schaffen es gera-

---

[284] vgl. VdK, "Wie vor einer unsichtbaren Glaswand" - Menschen mit Behinderung werden am Arbeitsplatz oft benachteiligt
[285] vgl. ebd.
[286] vgl. Tiedge, Karrierespiegel, „Arbeitgeber sehen eher Schwächen von Behinderten"
[287] vgl. Bundesagentur für Arbeit, Die Arbeitsmarktsituation von schwerbehinderten Menschen, Seite 8
[288] vgl. Aktion Mensch, Zahlen & Fakten, Der Arbeitsmarkt in Deutschland

de nicht, den Behinderten (insb. den Schwerbehinderten) eine Teilhabe am Leben und der Gesellschaft zu ermöglichen[289].

8.1.2. Vermeidung der Einstellung von Schwerbehinderten durch Arbeitgeber aufgrund zu zahlreicher Schutzvorschriften

Ein Grund, der die Nichterreichung des Ziels der „Förderung der Teilhabe behinderter Menschen" rechtfertigt ist, dass für Schwerbehinderte und ihnen Gleichgestellte zu hohe Schutzvorschriften existieren. So haben schwerbehinderte Beschäftigte bspw. einen höheren Kündigungsschutz[290], Anspruch auf Freistellung von Mehrarbeit[291] oder auch zusätzlichen Urlaub[292].

Diese Schutzvorschriften sollen eigentlich dafür sorgen, dass die schwerbehinderten Beschäftigten vor einem Abrutschen in die Arbeitslosigkeit bewahrt werden. Gleichzeitig sorgen sie – insb. der hohe Kündigungsschutz – dafür, dass Schwerbehinderte gar nicht erst eingestellt werden.[293]

Dies kann insbesondere im öffentlichen Dienst eine Rolle spielen. So stellt bspw. § 35 des TVöD in der Fassung VKA für das Tarifgebiet West für alle Arbeitnehmer, die das 40. Lebensjahr vollendet haben einen Kündigungsschutz auf, der eine ordentliche Kündigung unmöglich macht. Voraussetzung hierfür ist allerdings, dass diese Beschäftigten bereits 15 Jahre lang im öffentlichen Dienst oder bei einem Arbeitgeber beschäftigt sind, der der Geltung des TVöD in der Fassung VKA im Tarifgebiet West unterliegt.[294]

Ähnliche Vorschriften gibt es auch in den Tarifverträgen der Länder[295] oder des TVöD in der Fassung Bund.[296]

---

[289] vgl. § 1 SGB IX
[290] vgl. § 85 ff SGB IX
[291] vgl. § 124 SGB IX
[292] vgl. § 125 SGB IX
[293] vgl. Egle/Nagy, Arbeitsmarktintegration, Seite 387
[294] vgl. VKA, Durchgeschriebene Fassung des TVöD für den Bereich Verwaltung
[295] vgl. Öffentlicher-Dienst.Info, TV-L Kündigungsfristen

Ein solcher allgemeiner Kündigungsschutz kann einzelne Arbeitgeber davor zurück schrecken lassen, Beschäftigte mit noch weiter reichendem Kündigungsschutz einzustellen.

Da der derzeitige Kündigungsschutz von schwerbehinderten Beschäftigten teilweise Probleme mit sich bringt, soll er im Rahmen der Einführung des Bundesteilhabegesetzes modifiziert werden.[297]

Es kann aktuell nicht pauschal gesagt werden, dass die Arbeitgeber des öffentlichen Dienstes sich von der Einstellung Schwerbehinderter aufgrund der geltenden Schutzvorschriften abschrecken lassen. Dies zeigt bereits die hier weitverbreitete Erfüllung der Beschäftigungspflichtquote der schwerbehinderten Arbeitnehmer (im Jahr 2014 durchschnittlich 6,6 %[298]). Dennoch sind diese Normen aber grds. auch dazu geeignet, einem Arbeitgeber die Entscheidung gegen einen schwerbehinderten Bewerber leicht zu machen. Dies dürfte wohl auch einer der Gründe dafür sein, dass gerade die privaten Arbeitgeber die Beschäftigungspflichtquote nicht erfüllen.[299] Solange aber die Beschäftigungspflichtquote im bundesweiten Durchschnitt noch nicht erreicht wird, kann die bestehende Rechtslage als reformbedürftig angesehen werden, da sie nicht gewährleistet, dass Behinderte eine bessere Teilhabe am Leben in der Gesellschaft und dem Erwerbsleben erfahren.

8.2. Hohe Komplexität der Verfahrensvorschriften
Bezüglich der Vielzahl von zu beachtenden Vorschriften hinsichtlich des Diskriminierungsverbots schwerbehinderter Bewerber gibt es auch Probleme. Einerseits verlieren Arbeitgeber schier den Überblick über die zu beachtenden Vorschriften. Andererseits kann die aktuelle Rechtslage auch dazu führen, dass Arbeitgeber lediglich formal alle Vorschriften einhalten, ohne die Einstellung eines Schwerbehinderten überhaupt in Erwägung zu ziehen. Um diese beiden Problemfelder geht es an dieser Stelle.

---

[296] vgl. Der öffentliche Sektor, TVöD: § 34 Kündigung des Arbeitsverhältnisses
[297] vgl. ZB info 03/2015, 10 Thesen der BIH, Seite 4
[298] vgl. ZB Bayern, 2 2016, Beschäftigungsquote 2014
[299] vgl. ZB Bayern, 2 2016, Beschäftigungsquote 2014

8.2.1. Fehlender Überblick der Arbeitgeber über den Paragraphendschungel

Mehr noch als es bereits bei den privaten Arbeitgeber der Fall ist, haben die öffentlich-rechtlichen Arbeitgeber eine große Anzahl von Verfahrensvorschriften bei der Stellenbesetzung zu beachten.[300]

Diese sind vielen Arbeitgebern nicht oder nur unvollständig bekannt.[301] Dies zeigt sich bspw. durch Kolumnen, in denen Arbeitsrechtler die Fragen von Arbeitgebern zum richtigen Umgang mit Bewerbungen von Schwerbehinderten beantworten[302], weil diese mit den Bewerbungen nicht umzugehen wissen.

Werden nun einzelne Verfahrensvorschriften nicht beachtet (bspw. weil der Arbeitgeber diese nicht kennt oder schlicht aufgrund der Vielzahl der Anforderungen übersehen hat), so kann dies u. U. dazu führen, dass der Arbeitgeber keine Chance mehr hat, sich gegen Klagen aufgrund von Behindertendiskriminierung zu wehren.[303]

Wenn man sich nun ansieht, wie derzeit die Regelungen zum Einstellungsverfahren des öffentlichen Dienstes (auch hinsichtlich des Diskriminierungsverbots und der Behindertenschutzvorschriften) aussehen, so kann festgestellt werden, dass die derzeitige Rechtslage sehr unübersichtlich ist. Dies liegt vor Allem daran, dass hier sehr viele einzelne Vorschriften zu beachten sind.[304] Diese verweisen nicht aufeinander und stehen außerdem in unterschiedlichen Gesetzen. Daher ist es auch schwierig, bei der Durchführung einer Stellenbesetzung alle Vorgaben im Blick zu behalten.

---

[300] vgl. Kalenbach, Bewerberauswahl im öffentlichen Dienst, öAT 2013 Heft 1 Seite 7
[301] vgl. Zimmermann/Schrägle, „AGG-Hopping" und die Bewerbung schwerbehinderter Arbeitnehmer, Seite 1
[302] vgl. bspw. Zeit online, Weigelt, Müssen Schwerbehinderte bevorzugt eingestellt werden?
[303] vgl. Zimmermann/Schrägle, „AGG-Hopping" und die Bewerbung schwerbehinderter Arbeitnehmer, Seite 2
[304] dies sind bspw. Art. 3 III GG, die Normen des AGG, der 2. Teil des SGB IX

Hier könnte bspw. eine Verbesserung dadurch erzielt werden, dass für den öffentlichen Dienst ein eigenständiges Gesetz erlassen wird, in welchem sämtliche Vorgaben aufgezählt werden, die bei einem Stellenbesetzungsverfahren zu beachten sind. Auf diesem Wege könnte die Komplexität der derzeitigen Rechtslage minimiert werden. Ebenfalls könnten in einem solchen Gesetz Regelungen aufgenommen bzw. die bestehenden Regelungen angepasst werden, die das AGG-Hopping erschweren würden. Dies könnte dazu führen, dass die Arbeitgeber und Personaler offener mit den Bewerbungen von Schwerbehinderten umgehen und diese nicht nur alibimäßig bearbeiten.[305]

Bis es aber soweit ist, kann auch erwogen werden, das Stellenbesetzungsverfahren ggfs. outzusourcen. Da gerade der öffentliche Dienst allein nach dem Leistungsprinzip[306] und nicht nach subjektiven Empfindungen[307] Stellen zu besetzen hat, ist es hier einfacher als in der Privatwirtschaft möglich, den Auswahlprozess komplett auszulagern. Hierdurch kann die Professionalität von Personalberatungsunternehmen genutzt und auf diesem Weg Sicherheit für ein korrekt durchgeführtes Auswahlverfahren zugekauft werden.

8.2.2. Bearbeitung der Bewerbungen von Schwerbehinderten mit dem Ziel der Wahrung des Scheins der rechtmäßigen Auswahldurchführung und Stellenbesetzung

Die Fülle der zu beachtenden Verfahrensvorschriften können i. V. m. den Schutzvorschriften, die den Schwerbehinderten zustehen, dazu führen, dass Arbeitgeber (auch des öffentlichen Dienstes) nur noch vortäuschen Rechte der schwerbehinderten Bewerber zu achten (z. B. Pflicht zur Einladung zum Vorstellungsgespräch). Hierbei wird den schwerbehinderten Kandidaten von vornherein überhaupt keine Chance gegeben. Ein solches

---

[305] vgl. hierzu Kapitel 8.2.2.
[306] vgl. Richter et al, Das Recht der Personalauswahl im öffentlichen und kirchlichen Dienst, Seite 22
[307] vgl. Schleusener et al, Kommentar zum Allgemeinen Gleichbehandlungsgesetz, § 11 Rn. 103

Verhalten ist aufgrund fehlender Ergebnisoffenheit unzulässig.[308] Gleiches gilt, wenn versäumte Verfahrensvorschriften erkennbar nur pro forma nachgeholt werden, um eine Schadensersatzklage aus § 15 II AGG zu vermeiden.[309]

Obgleich der Großteil der deutschen Arbeitgeber seiner Verpflichtung zur Beschäftigung von Schwerbehinderten (zumindest teilweise) gerecht wird, gibt es doch zumindest 37.000 Unternehmen, die keinen einzigen Schwerbehinderten beschäftigen. Das ist knapp jeder vierte Arbeitgeber.[310] Gerade bei diesen herrschen Vorurteile über die eingeschränkte Leistungsfähigkeit von Schwerbehinderten[311] und auch über den bürokratischen Aufwand[312] in Hinblick auf die Zusammenarbeit mit den Integrationsämtern vor. In der Folge kommt es teilweise dazu, dass Bewerbungen von Schwerbehinderten allein deshalb bearbeitet werden, dass formal die Vorschriften eingehalten wurden[313] und keine Angriffsfläche geboten wird, ohne dass eine Einstellung beabsichtigt ist oder auch nur ins Auge gefasst wird. Ein weiterer Grund für ein solches Vorgehen ist bspw. der befürchtete Imageverlust durch den Einsatz von Behinderten.[314]

Ein solches Verhalten kann durch die derzeitige Gesetzeslage nicht effektiv verhindert werden, da der benachteiligte Schwerbehinderte dies kaum nachweisen können wird. Aus diesem Grund scheint eine Gesetzesänderung daher sinnvoll und notwendig. Insofern bleibt abzuwarten, inwieweit der deutsche Gesetzgeber den Diskriminierungsschutz verschärft, wie es

---

[308] vgl. dpa, Focus, Aussichtslose Bewerbung: Behinderten steht Entschädigung zu
[309] vgl. Pawlak, LAG Schleswig-Holstein: Entschädigungsanspruch einer nicht zum Vorstellungsgespräch eingeladenen schwerbehinderten Bewerberin, öAT 2015 Heft 2 Seite 37
[310] vgl. Theisen, FAZ, Warum Arbeitgeber sich von der Behinderten-Quote freikaufen
[311] vgl. VdK, "Wie vor einer unsichtbaren Glaswand" - Menschen mit Behinderung werden am Arbeitsplatz oft benachteiligt
[312] vgl. Fasbender, Inklusion Schwerbehinderter – Unterstützung zielführender als vorschreibende Bürokratie
[313] vgl. Weindel, Zeit online, „Man sieht es mir nicht an"
[314] vgl. Widmann, bpb, Vorurteile gegen sozial Schwache und Behinderte

bereits in einem Gutachten durch ein von der Antidiskriminierungsstelle des Bundes beauftragtes Expertengremium gefordert wird.[315]

Auch sollen durch das Bundesteilhabegesetz (welches 2017 in Kraft treten soll[316]) Modalitäten geändert werden, die den Schwerbehinderten den Zugang zum Arbeitsmarkt erleichtern sollen. Gegen dieses Gesetz fanden bereits Protestaktionen statt, da es Betroffenen und Sozialverbänden als nicht weit genug reichend erscheint.[317]

Wie sich diese Vorschläge und Gesetze auf die Einstellungsbereitschaft der Arbeitgeber hinsichtlich der Schwerbehinderten auswirken bleibt für die Zukunft abzuwarten.

---

[315] vgl. Klovert, Spiegel, So soll das Gleichbehandlungsgesetz verschärft werden
[316] vgl. Kobinet Nachrichten, Bundesteilhabegesetz soll am 01.01.2017 in Kraft treten
[317] vgl. dpa, Zeit online, Rollstuhlfahrer ketten sich über Nacht am Reichstagsufer an

9 Neuntes Kapitel

9. Handlungsleitfaden für die praktische Arbeit

Da die Besetzung von freien Stellen dem öffentlichen Dienst insbesondere im Hinblick auf behinderte und schwerbehinderte Bewerber die Beachtung einer Fülle von Verfahrensvorschriften abverlangt, wird nachfolgend ein Schema vorgestellt, welches als eine Art Leitfaden der Personalsachbearbeitung an die Hand gegeben werden kann.

1) Feststellung, dass Stelle frei wird/neu geschaffen wird[318]
2) Falls vorhanden: Beachtung der Regelungen der Integrationsvereinbarung während des gesamten Stellenbesetzungsverfahrens[319]
3) Errechnung der Beschäftigungspflichtquote und des tatsächlichen Erfüllungsgrades[320]
4) Entscheidung darüber, ob Schwerbehinderte bevorzugt eingestellt werden sollen, wenn sie die gleiche Eignung aufweisen wie der beste nichtbehinderte Mitbewerber, wenn dies der Erreichung der Beschäftigungspflichtquote dient[321]
5) Erstellen eines Anforderungsprofils dieser Stelle, um eine spätere Bewerberauswahl nach den Grundsätzen der Bestenauslese – beinhaltend die Befähigung, fachliche Leistung und Eignung i. e. S. – zu ermöglichen[322]
6) Prüfung (unter Anhörung des Personalvertretungsorgans und unter Beteiligung der Schwerbehindertenvertretung), ob freie Stelle mit einem Schwerbehinderten besetzt werden kann[323]

---

[318] vgl. hierzu Kapitel 4.2.1.
[319] vgl. hierzu Kapitel 4.3.
[320] vgl. hierzu Kapitel 4.1.1.
[321] vgl. hierzu Kapitel 2.2.
[322] vgl. hierzu Kapitel 2.1.3.
[323] vgl. hierzu Kapitel 4.1.2.1.

7) Meldung der zu besetzenden Stelle an die Bundesagentur für Arbeit zur Erhaltung von Vermittlungsvorschlägen, soweit die Stelle für Schwerbehinderte geeignet ist[324]
8) Prüfung, ob eine Benachteiligung Behinderter evtl. gerechtfertigt sein könnte[325]
9) Offene und neutrale Stellenausschreibung[326]
10) Unverzügliche Meldung der eingegangenen Vermittlungsvorschläge und später der Bewerbungen von Schwerbehinderten an Personalvertretungsorgan und Schwerbehindertenvertretung[327]
11) Gewährung eines Einsichtsrechts in die Bewerbungsunterlagen und Vermittlungsvorschläge für die Schwerbehindertenvertretung[328]
12) Durchführung einer Vorauswahl unter Beteiligung der Schwerbehindertenvertretung[329]
13) Ladung aller (nicht offensichtlich objektiv ungeeigneten) schwerbehinderten Bewerber und Vermittlungsvorschläge zu einem Vorstellungsgespräch[330]
14) Ladung und Beteiligung der Schwerbehindertenvertretung zu/an Vorstellungsgesprächen[331]
15) Vermeiden einer unmittelbaren Benachteiligung Behinderter durch die unzulässige Frage nach dem Vorliegen einer Schwerbehinderung im Vorstellungsgespräch[332]
16) Treffen der Auswahlentscheidung allein anhand der Kriterien aus dem Anforderungsprofil[333]

---

[324] vgl. hierzu Kapitel 4.1.2.2.
[325] vgl. hierzu Kapitel 3.2.2.4.
[326] vgl. hierzu Kapitel 3.2.2.1.
[327] vgl. hierzu Kapitel 4.1.2.3.
[328] vgl. hierzu Kapitel 4.1.2.3.
[329] vgl. hierzu Kapitel 4.1.2.3.
[330] vgl. hierzu Kapitel 4.2.2.
[331] vgl. hierzu Kapitel 4.1.2.4.
[332] vgl. hierzu Kapitel 3.2.2.2.
[333] vgl. hierzu Kapitel 3.2.2.3.

17) Erörterung der Entscheidung über die schwerbehinderten Bewerber und Vermittlungsvorschläge mit dem Personalvertretungsorgan und der Schwerbehindertenvertretung unter Anhörung des Betroffenen bei Nichterfüllung der Beschäftigungspflichtquote[334]
18) Diskriminierungsfreie Absage – idealerweise schriftlich – i. F. d. Nichterfüllung der Beschäftigungspflichtquote mit Begründung[335]

Die einzelnen vorgenannten Verfahrensschritte sind lediglich knapp formuliert, da ihre ausführliche Darstellung in den Kapiteln zwei bis vier bereits erfolgte. Zur Wiederholung oder zum Nachschlagen sei daher bei den einzelnen Verfahrensschritten auf das in den Fußnoten angegebene Kapitel verwiesen.

---

[334] vgl. hierzu Kapitel 4.1.2.5.
[335] vgl. hierzu Kapitel 3.2.2.4.

Schluss

Wie in dieser Arbeit gezeigt wurde, hat der Arbeitgeber des öffentlichen Dienstes eine enorme Menge an Verfahrensvorschriften zu beachten, wenn er eine Stelle zu besetzen hat.[336]

Diesen scheint er hinsichtlich der behinderten und schwerbehinderten Bewerber insgesamt sehr gut gerecht zu werden, bedenkt man die vergleichsweise hohen Beschäftigungsquoten von Schwerbehinderten.[337] Ein weiteres Indiz für diese Annahme sind die geringen Klagezahlen bezüglich einer Diskriminierung aufgrund einer Behinderung.[338]

Dies ändert jedoch nichts daran, dass vereinzelt auch (Schwer)Behinderte versuchen, geschäftsmäßig gegen vermeintliche Diskriminierungen im Einstellungsverfahren wegen einer Behinderung zu klagen.[339] Dies ist gerade ggü. dem öffentlichen Dienst sehr leicht.[340]

Andererseits kann das derzeitige AGG – auch i. V. m. dem SGB IX – nicht dafür sorgen, dass allen Behinderten ein Zugang zum Arbeitsleben und eine bessere Teilhabe an der Gesellschaft ermöglicht wird. Dies belegen die Arbeitslosenzahlen der Schwerbehinderten eindeutig.[341]

Diese beiden Aspekte weisen gemeinsam darauf hin, dass die aktuelle Rechtslage noch suboptimal ist.[342] Sie lässt einerseits ein Ausnutzen des

---

[336] vgl. Kalenbach, Bewerberauswahl im öffentlichen Dienst, öAT 2013 Heft 1 Seite 7

[337] vgl. ZB Bayern, 2 2016, Beschäftigungsquote 2014

[338] vgl. Kaufmann, Spiegel, Zu alt, zu dick, zu klein – das müssen Sie wissen

[339] vgl. Jahn, FAZ, Bundesarbeitsgericht wehrt sich

[340] vgl. Diller, FAZ, Scheinbewerber agieren immer dreister

[341] vgl. Aktion Mensch, Zahlen & Fakten, Der Arbeitsmarkt in Deutschland

[342] vgl. hierzu bspw. für das AGG Klovert, Spiegel, So soll das Gleichbehandlungsgesetz verschärft werden

Systems zu, wie die AGG-Hopper beweisen.[343] Andererseits erreicht sie nicht die Förderung der Behinderten in dem Maße, in dem es wünschenswert wäre.[344]

Bis sich die Gesetzeslage ändert, bleibt den Arbeitgebern des öffentlichen Dienstes nichts anderes übrig, als die Verfahrensvorschriften bestmöglich zu erfüllen, um nicht in Haftung genommen zu werden.[345] Als Unterstützung hierzu bietet sich der Leitfaden aus dem Neunten Kapitel entsprechend an.

Bei der Integration Schwerbehinderter in die Unternehmen und Betriebe kommt neben dem Arbeitgeber auch der Schwerbehindertenvertretung, dem Personalvertretungsorgan und dem Beauftragten des Arbeitgebers eine besondere Rolle zu.[346]

Insgesamt bleibt aktuell abzuwarten, welche Auswirkungen sich ab dem kommenden Jahr durch das Bundesteilhabegesetz auf die Einstellungspraxis des öffentlichen Dienstes ergeben.[347]

Diese Folgen drängen sich ähnlich wie die Erörterung der rechtlichen Rahmenbedingungen zur Besetzung von Beamtenstellen geradezu auf, um ergänzend zu dieser Bachelorarbeit ebenfalls wissenschaftlich näher untersucht zu werden. Gleiches gilt für die eben aufkommende Diskussion über die Notwendigkeit einer Verschärfung des AGG.[348]

---

[343] vgl. Diller, FAZ, Scheinbewerber agieren immer dreister
[344] vgl. hierzu Kapitel 8.1.1.
[345] vgl. Müller-Glöge et al, Erfurter Kommentar zum Arbeitsrecht, § 81 SGB IX Rn. 4 und § 82 SGB IX Rn. 4, sowie Becktexte, Arbeitsgesetze, § 22 AGG
[346] vgl. hierzu Kapitel 6.
[347] vgl. Miles-Paul, Kobinet Nachrichten, Bundesteilhabegesetz soll am 01.01.2017 in Kraft treten
[348] vgl. Klovert, Spiegel, So soll das Gleichbehandlungsgesetz verschärft werden

Wie sich die Rechtslage aber auch entwickeln wird. Es bleibt davon auszugehen, dass die Stellenbesetzung für den Arbeitgeber des öffentlichen Dienstes sich nicht wesentlich vereinfachen wird.

Literatur- und Quellenverzeichnis

Aktion Mensch: o. V., Zahlen und Fakten, der Arbeitsmarkt in Deutschland, unbekannten Datums, https://www.aktion-mensch.de/themen-informieren-und-diskutieren/arbeit/zahlen-und-fakten.html, abgerufen am 01.08.2016

Antidiskriminierungsstelle des Bundes: o. V., II. Was ist rechtlich eine Diskriminierung?, unbekannten Datums, http://www.antidiskriminierungsstelle.de/GGTSPU-proxy.lra-ab.de-1774-2540447-w9CCXM2oxHYSJzN5-DAT/SharedDocs/Downloads/DE/publikationen/Handbuch_Diskriminierungsschutz/Kapitel_2.pdf?__blob=publicationFile, abgerufen am 26.07.2016

Anwaltsregister: Seelbach, Thilo, Straftat „AGG-Hopping": „AGG-Hopper" bewerben sich gezielt auf Stellenaus-schreibungen, die gegen das Allgemeine Gleichbehandlungsgesetz verstoßen, um Schadensersatz verlangen zu können, 12.07.2016, https://www.anwaltsregister.de/Anwaltstipps/Straftat_AGG-Hopping_AGG-Hopper_bewerben_sich_gezielt_auf_Stellenausschreibungen_die_gegen_das_Allgemeine_Gleichbehandlungsgesetz_verstossen_um_Schadensersatz_verlangen_zu_koennen.d1397.html, abgerufen am 26.07.2016

arbrb: Grimm, Detlef, „AGG-Hopper" bleiben AGG-Hopper, 13.08.2013, http://www.arbrb.de/blog/2013/08/13/agg-hopper-bleiben-agg-hopper/, abgerufen am 26.07.2016

BAG: 9. Senat des BAG, Rechtssache 9 AZR 643/07, 18.11.2008, http://openjur.de/u/171644.html, abgerufen am 21.07.2016

BAG: 8. Senat des BAG, Rechtssache 8 AZR 574/12, 22.08.2013, http://juris.bundesarbeitsgericht.de/zweitesformat/bag/2015/2015-01-22/8_AZR_574-12.pdf, abgerufen am 21.07.2016

BAG: 6. Senat des BAG, Rechtssache 6 AZR 553/10, 16.02.2012, http://www.bag-urteil.com/16-02-2012-bag-6-azr-55310/, abgerufen am 26.07.2016

BAG: 8. Senat des BAG, Rechtssache 8 AZR 739/13, 18.09.2014, http://juris.bundesarbeitsgericht.de/zweitesformat/bag/2015/2015-01-21/8_AZR_759-13.pdf, abgerufen am 21.07.2016

BAG: 8. Senat des BAG, Rechtssache 8 AZR 848/13, 18.06.2015, http://lexetius.com/2015,1871, abgerufen am 26.07.2016

Beauftragte der Bundesregierung für die Belange von Menschen mit Behinderungen: Bentele, Verena, Fast jeder Dritte in Deutschland hat bereits Diskriminierung erlebt, 19.04.2016, http://www.behindertenbeauftragte.de/SharedDocs/Pressemitteilungen/DE/2016/PM9_Diskriminierungsstudie.html, abgerufen am 10.08.2016

Beck-Texte: Arbeitsgesetze, 86. neu bearbeitete Auflage, Deutscher Taschenbuch Verlag, München, 2015

Beck-Texte: Basistexte Öffentliches Recht, 18. Auflage, Deutscher Taschenbuch Verlag München, 2014

Beck-Texte: Sozialgesetzbuch, 44. neu bearbeitete Auflage, Deutscher Taschenbuch Verlag, München, 2015

Behindertenrecht Heft 2/2008: Mohr, Dieter, Der Diskriminierungsschutz (schwer-) behinderter Arbeitnehmer nach dem AGG und dem SGB IX, Richard Boorberg Verlag, Stuttgart, März 2008

Besgen, Nicolai: Schwerbehindertenrecht, Arbeitsrechtliche Besonderheiten, 2. Neu bearbeitete Auflage, Erich Schmidt Verlag, Berlin, 2014

BMAS: o. V. Ergebnisse der Statistik der Arbeitsgerichtsbarkeit, für 2014, http://www.bmas.de/SharedDocs/Downloads/DE/PDF-Statistiken/Ergebnisse-Statistik--Arbeitsgerichtsbarkeit-2014.pdf;jsessionid=6442A3867573A9326B354912531A3B85?__blob=publicationFile&v=2, abgerufen am 25.07.2016

bpb: Widmann, Peter, Vorurteile gegen sozial Schwache und Behinderte, 13.01.2006, http://www.bpb.de/izpb/9729/vorurteile-gegen-sozial-schwache-und-behinderte?p=all, abgerufen am 09.08.2016

Bundesagentur für Arbeit: Der Arbeitsmarkt in Deutschland – Die Arbeitsmarktsituation von schwerbehinderten Menschen, Mai 2016, https://statistik.arbeitsagentur.de/Statischer-Content/Arbeitsmarktberichte/Personengruppen/Broschuere/Brosch-Die-Arbeitsmarktsituation-schwerbehinderter-Menschen-2015.pdf, abgerufen am 29.07.2016

BVerwG: 2. Senat des BVerwG, Rechtssache 2 C 16.09, 04.11.2010, http://www.bverwg.de/entscheidungen/entscheidung.php?ent=041110U2C16.09.0, abgerufen am 25.07.2016

Däubler, Wolfgang: Arbeitsrecht, Ratgeber für Beruf, Praxis und Studium, 10. überarbeitete Auflage, Bund Verlag, Frankfurt am Main, 2014

Der öffentliche Sektor: o. V., TVöD: § 34 Kündigung des Arbeitsverhältnisses, unbekannten Datums, http://www.der-oeffentliche-sektor.de/infoundrat/infothek/1487, abgerufen am 03.08.2016

Der Tagesspiegel: o. V., Keine Klageflut durch das Allgemeine Gleichbehandlungsgesetz, 11.08.2007, http://www.tagesspiegel.de/lesestuecke/arbeitsrecht-keine-klageflut-durch-das-allgemeine-gleichbehandlungsgesetz/1011030.html, abgerufen am 25.07.2016

Die Seite für die Schwerbehindertenvertretung: o. V., Einstellungsgespräch / Zulässige Fragen, unbekannten Datums, http://www.schwbv.de/einstellungsgespraech.html, abgerufen am 28.07.2016

Die Seite für die Schwerbehindertenvertretung: o. V., Übersicht der Rechte und Pflichten nach dem SGB IX, unbekannten Datums, http://www.schwbv.de/rechte_und_pflichten.html, abgerufen am 28.07.2016

Egle, Franz, Nagy, Michael: Arbeitsmarktintegration, Profiling - Arbeitsvermittlung – Fallmanagement, Erstauflage, Gabler Verlag, Wiesbaden, 2005

EuGH: Große Kammes des EuGH, Rechtssache C-13/05, 11.07.2006, http://curia.europa.eu/juris/document/document.jsf?text=&docid=56459&pageIndex=0&doclang=DE&mode=req&dir=&occ=first&part=1, abgerufen am 25.07.2016

FAZ: Diller, Martin, Scheinbewerber agieren immer dreister, 24.06.2015, http://www.faz.net/aktuell/wirtschaft/recht-steuern/agg-hopping-scheinbewerber-agieren-immer-dreister-13665240.html, abgerufen am 26.07.2016

FAZ: Jahn, Joachim, Bundesarbeitsgericht wehrt sich, 19.06.2015, http://www.faz.net/aktuell/wirtschaft/recht-steuern/agg-hopping-bundesarbeitsgericht-wehrt-sich-13655929.html, abgerufen am 26.07.2016

FAZ: o. V., Was kostet Gleichbehandlung, 14.08.2008, http://www.faz.net/aktuell/beruf-chance/recht-und-gehalt/folgen-des-agg-was-kostet-gleichbehandlung-1678292.html, abgerufen am 25.07.2016

FAZ: Theissen, Bettine, Warum Arbeitgeber sich von der Behinderten-Quote freikaufen, 03.12.2013, http://www.faz.net/aktuell/beruf-chance/recht-und-gehalt/arbeitsmarkt-warum-arbeitgeber-sich-von-der-behinderten-quote-freikaufen-12686091.html, abgerufen am 09.08.2016

Feldes, Werner et al: Schwerbehindertenrecht, Basiskommentar zum SGB IX mit Wahlordnung, 12. Auflage, Bund Verlag, Frankfurt am Main, 2015

Feldes, Werner et al: Die Praxis der Schwerbehindertenvertretung von A bis Z, 5 Auflage, Bund Verlag, Frankfurt am Main, 2010

Focus: dpa, Aussichtslose Bewerbung: Behinderten steht Entschädigung zu, 29.12.2014, http://www.focus.de/finanzen/karriere/arbeitsrecht/arbeit-aussichtslose-bewerbung-behinderten-steht-entschaedigung-zu_id_4372733.html, abgerufen am 20.07.2016

Gabler Wirtschaftslexikon: Bartscher, Thomas, Bewerbung, unbekannten Datums, http://wirtschaftslexikon.gabler.de/Definition/bewerbung.html, abgerufen am 20.07.2016

Greß, Jürgen: Schwerbehindert, Meine Rechte: Wohnen, Arbeiten, Steuern und Mobilität, 2. Auflage, Verlag C. H. Beck, München, 2013

Groeger, Axel: Arbeitsrecht im öffentlichen Dienst, 1. Auflage, Verlag Dr. Otto Schmidt, Köln, 2010

Handelsblatt: Wolf, Uwe, AGG-Hopper scheitern vor Gericht, 16.05.2008, http://www.handelsblatt.com/unternehmen/management/richter-schicken-professionelle-abzocker-fast-immer-ohne-geld-nach-hause-agg-hopper-scheitern-vor-gericht/2959018.html, abgerufen am 26.07.2016

Haufe: o. V., Bewerbungsverfahren: Absage einer Bewerbung / 2 Pflichten des Arbeitgebers und Rechte schwerbehinderter Menschen, unbekannten Datums, https://www.haufe.de/personal/personal-office-premium/bewerbungsverfahren-absage-einer-bewerbung-2-pflichten-des-arbeitgebers-und-rechte-schwerbehinderter-menschen_idesk_PI10413_HI3615125.html, abgerufen am 11.08.2016

IHK: o. V., Das Allgemeine Gleichbehandlungsgesetz (AGG) im Arbeitsrecht, unbekannten Datums, http://www.frankfurt-main.ihk.de/recht/themen/arbeitsrecht/agg_arbeitsrecht/, abgerufen am 01.08.2016

IHK Wiesbaden: Scheibig, Beate, Börner, Falco, AGG bei Stellenausschreibungen und Bewerbungsverfahren, unbekannten Datums, https://www.ihk-wiesbaden.de/recht/rechtsberatung/Personal/Auswirkungen_des_Gleichbehandlungsgesetzes_AGG_auf_Stellenaussc/1255690, abgerufen am 11.08.2016

Jarass, Hans, Pieroth, Bodo: Grundgesetz für die Bundesrepublik Deutschland, Kommentar, 14. Auflage, Verlag C. H. Beck, München, 2016

Juris: o. V., BPersVG, Stand 03.07.2013, http://www.gesetze-im-internet.de/bpersvg/BJNR006930974.html, abgerufen am 01.08.2016

Karrierespiegel: Tiedge, Anja, „Arbeitgeber sehen eher Schwächen von Behinderten", 03.12.2013, http://www.spiegel.de/karriere/berufsleben/bert-ruerup-im-interview-ueber-das-inklusionsbarometer-a-936966.html, abgerufen am 02.08.2016

Kobinet Nachrichten: Miles-Paul, Ottmar, Bundesteilhabegesetz soll am 1.1.2017 in Kraft treten, 20.10.2015, http://www.kobinet-nachrichten.org/de/1/nachrichten/32491/Bundesteilhabegesetz-soll-am-112017-in-Kraft-treten.htm, abgerufen am 11.08.2016

Marburger, Horst, SGB IX Rehabilitation und Teilhabe behinderter Menschen, Vorschriften und Verordnungen mit praxisorientierter Einführung, 10. aktualisierte Auflage, Walhalla u. Praetoria Verlag, Regensburg, 2013

Mrozynski, Peter, Jabben, Jürgen: SGB IX Teil 1, Regelungen für behinderte und von Behinderung bedrohte Menschen Kommentar, 2. Auflage, Verlag C. H. Beck, München 2011

Müller-Glöge, Rudi et al: Erfurter Kommentar zum Arbeitsrecht, 12. neu bearbeiteten Auflage, Verlag C. H. Beck, München, 2012

Müller-Wenner, Dorothee, Winkler, Jürgen: SGB IX Teil 2, Schwerbehindertenrecht Kommentar, 2. neu bearbeitete Auflage, Verlag C. H. Beck, München, 2011

Mürner, Christian, Sierck, Udo: Behinderung, Chronik eines Jahrhunderts, Lizenzausgabe Bundeszentrale für politische Bildung, Bonn, 2013

öAT Heft 1 2013: Kalenbach, Georg, Bewerberauswahl im öffentlichen Dienst, unbekannten Datums, www.ruge-kroemer.de/download.php?id=89, abgerufen am 08.08.2016

öAT Heft 2 2015: Pawlak, Klaus, LAG Schleswig-Holstein: Entschädigungsanspruch einer nicht zum Vorstellungsgespräch eingeladenen schwerbehinderten Bewerberin, unbekannten Datums, www.ruge-kroemer.de/download.php?id=105, abgerufen am 08.08.2016

Öffentlicher-Dienst.Info: o. V., TV-L – Kündigungsfristen, unbekannten Datums, http://oeffentlicher-dienst.info/tv-l/west/kuendigungsfristen.html, abgerufen am 03.08.2016

Rechtswörterbuch: o. V., Öffentlicher Dienst, unbekannten Datums, http://www.rechtswoerterbuch.de/recht/o/oeffentlicher-dienst/, abgerufen am 20.07.2016

Richter, Achim et al: Das Recht der Personalauswahl im öffentlichen und kirchlichen Dienst, Rechtskonform handeln – erfolgreich entscheiden, 1. Auflage, Walhalla u. Praetoria Verlag, Regensburg, 2014

Schleusener, Aino et al: AGG Kommentar zum Allgemeinen Gleichbehandlungsgesetz, 3. neu bearbeitete Auflage, Luchterhand Fachverlag, Köln, 2011

Spiegel: Kaufmann, Matthias, Zu alt, zu dick, zu klein – das müssen Sie wissen, 23.02.2016, http://www.spiegel.de/karriere/berufsleben/diskriminierung-im-job-und-das-agg-wenn-arbeitnehmer-klagen-a-1078385.html, abgerufen am 25.07.2016

Spiegel: Klovert, Heike, So soll das Gleichbehandlungsgesetz verschärft werden, 09.08.2016, http://www.spiegel.de/karriere/berufsleben/agg-gleichbehandlungsgesetz-mehr-rechte-fuer-die-schwachen-a-1106655.html, abgerufen am 09.08.2016

Statista: o. V., Anzahl der Beschäftigten im öffentlichen Dienst in Deutschland von 2003 bis 2015 (in 1.000), unbekannten Datums, http://de.statista.com/statistik/daten/studie/12910/umfrage/entwicklung-des-personalbestandes-im-oeffentlichen-dienst-in-deutschland/, abgerufen am 29.07.2016

Statistisches Bundesamt: o. V., Personal im öffentlichen Dienst 2015 rückläufig – Zuwachs bei Kitas, 23.06.2016, https://www.destatis.de/DE/PresseService/Presse/Pressemitteilungen/2016/06/PD16_214_741.html;jsessionid=79572FC62A4165CBF5D1FAD14EF20F34.cae1, abgerufen am 10.08.2016

VdK: Czennia, Dorothee, Grad der Behinderung (GdB) und der Grad Schädigungsfolgen (GdS), 07.02.2011,
http://www.vdk.de/deutschland/pages/themen/behinderung/9216/grad_der_behinderung_gdb, abgerufen am 26.07.2016

VdK: Czennia, Dorothee, "Wie vor einer unsichtbaren Glaswand" - Menschen mit Behinderung werden am Arbeitsplatz oft benachteiligt, 26.09.2013,
http://www.vdk.de/deutschland/pages/presse/vdk-zeitung/66278/wie_vor_einer_unsichtbaren_glaswand, abgerufen am 29.07.2016

ver.di: o. V., Teilhabepolitik, Integrationsvereinbarungen, unbekannten Datums,
https://arbeitsmarkt-und-sozialpolitik.verdi.de/politikfelder/teilhabepolitik/++co++8dd88900-42d4-11e3-a850-525400438ccf, abgerufen am 28.07.2016

VHU: Fasbender, Volker, Inklusion Schwerbehinderter – Unterstützung zielführender als vorschreibende Bürokratie, März 2014,
http://vhu.de/vhu/home/presse/standpunkte_/inklusion_schwerbehinderter_-_unterstuetzung_zielfuehrender_als_vorschreibende_buerokratie.de.html, abgerufen am 09.08.2016

VKA: o. V., Durchgeschriebene Fassung des TVöD für den Bereich Verwaltung, 29.04.2016, http://www.vka.de/site/home/vka/tarifvertraege__texte/, abgerufen am 03.08.2016

ZB 03/2010: BIH, Schwerbehindertenvertretung, Eine starke Stimme im Betrieb, unbekannten Datums, https://www.integrationsaemter.de/druckversion/ZB-03-2010/205c1250i9999p62/index.html, abgerufen am 28.07.2016

ZB Bayern 2 2016: ZBFS, Beschäftigungsquote 2014, Mai 2016,
http://www.zbfs.bayern.de/imperia/md/content/blvf/integrationsamt/zb/zb_bayern_2016.2.pdf, abgerufen am 02.08.2016

ZB info 03/2015: BIH, 10 Thesen der BIH, unbekannten Datums,
https://www.integrationsaemter.de/publikationen/65c54/index.html, abgerufen am 02.08.2016

Zeit online: dpa, Rollstuhlfahrer ketten sich über Nacht am Reichstagsufer an, 12.05.2016, http://www.zeit.de/politik/2016-05/bundesteilhabegesetz-proteste-rollstuhlfahrer-behindertengleichstellungsgesetz-kritik, abgerufen am 09.08.2016

Zeit online: Weigelt, Ulf, Müssen Schwerbehinderte bevorzugt eingestellt werden?, 20. Juni 2012, http://www.zeit.de/karriere/beruf/2012-06/arbeitsrecht-einstellung-behinderte, abgerufen am 08.08.2016

Zeit online: Weindel, Yvonne, „Man sieht es mir nicht an", 06.03.2014,
http://www.zeit.de/2014/11/behinderte-arbeit-bewerbung-inklusion/komplettansicht, abgerufen am 09.08.2016

Zimmermann & Strecker Aktuell: Zimmermann, Hermann, Schrägle, Johannes, „AGG-Hopping" und die Bewerbung schwerbehinderter Arbeitnehmer, Oktober 2008, http://www.zimmermann-strecker.de/themen/pdf/2008_10_AGG.pdf, abgerufen am 08.08.2016